WILLIAMS-SONOMA

COCINAALINSTANTE
Olla de cocimiento lento

RECETAS
Norman Kolpas

EDITOR GENERAL
Chuck Williams

FOTOGRAFÍA
Bill Bettencourt

TRADUCCIÓN
Laura Cordera L
Concepción O. de Jourdain

degustis

contenido

15 MINUTOS DE PREPARACIÓN

la razón de este libro

Para empezar diremos que aunque parezca una contradicción, un libro de recetas que pretende ayudar a preparar comida al instante en una olla de cocimiento lento no lo es. Aunque es cierto que el cocimiento de principio a fin toma mucho tiempo, las ollas de cocimiento lento son el utensilio ideal para el cocinero que cuenta con poco tiempo. Una vez que los ingredientes se preparan y se ponen en la olla, ya no requieren de más atención hasta que usted regrese a casa después de un largo día, listo para servir una comida caliente.

Con una olla de cocimiento lento aun los sustanciosos platillos completos como el Pollo a la Cazadora, las Costillitas Estofadas con Cerveza y el Osso Bucco con Champiñones y Chícharos, no requieren demasiado trabajo. De hecho, todas las recetas en este libro requieren menos de 30 minutos de preparación y muchas de ellas menos de 15 minutos. Añada una ensalada verde y tendrá una nutritiva comida hecha en casa que requiere de muy poco esfuerzo para servir en la mesa.

Chuck

15 minutos
de preparación

ribollita
toscana

Frijoles cannellini secos,
500 g (1 lb), escogidos

Aceite de oliva, ¼ taza
(60 ml/2 fl oz), más el
necesario para rociar

**Cebollas amarillas
o blancas,** 2, picadas

Ajo, 2 dientes,
finamente picados

Pasta o puré de tomate,
¼ taza (60 g/2 oz)

**Caldo de verduras o de
pollo,** 8 tazas (2 l/64 fl oz)

Col rizada o savoy,
1 manojo (cerca de 500 g/
1 lb), picada grueso

Zanahorias, 4, picadas
grueso

Apio, 2 tallos, picados grueso

Tomillo fresco, 1 cucharada,
finamente picado

**Sal y pimienta recién
molida**

**Pan del día anterior
(bolillo),** 3 tazas
(185 g/6 oz), en cubos

DE 6 A 8 PORCIONES

1 Remoje los frijoles
En un tazón grande remoje los frijoles en agua fría hasta
cubrir durante por lo menos 8 horas o durante toda la noche. O,
si lo desea, puede poner los frijoles en una olla grande con agua
fría a cubrir. Hierva sobre fuego alto. Retire del fuego y deje
reposar, tapados, durante una hora. Escurra los frijoles y reserve.

2 Saltee las verduras
En una sartén sobre fuego medio caliente ¼ taza de
aceite de oliva. Añada las cebollas y el ajo y saltee cerca
de 5 minutos, hasta suavizar. Agregue la pasta de tomate y
saltee cerca de 2 minutos más, hasta que se oscurezca.
Vierta el caldo, suba el fuego a alto y hierva. Retire del fuego.

3 Cocine la sopa
Ponga los frijoles escurridos, col, zanahorias, apio y
tomillo en la olla de cocimiento lento y espolvoree con 2
cucharaditas de sal y una cucharadita de pimienta. Vierta la
mezcla del caldo. Tape y cocine durante 4 horas a
temperatura alta o durante 8 horas a temperatura baja.
Aproximadamente 10 minutos antes de que la sopa esté lista,
integre los cubos de pan, tape y continúe cocinando. Cuando
la sopa esté lista sazone al gusto con sal y pimienta. Sirva con
el cucharón en los tazones individuales y acompañe con más
aceite de oliva en la mesa.

sugerencia del chef

Para ahorrar tiempo, sustituya los frijoles secos por 6 tazas (1.5 kg/48 oz) de frijoles enlatados escurridos y enjuagados. Agregue a la ribollita junto con los cubos de pan en el paso 3.

sugerencia del chef

Para una comida completa, sirva el curry sobre arroz blanco de grano largo como el basmati al vapor. Acompañe con una ensalada fresca de jitomates y pepinos bañada con yogurt natural y espolvoreada con cilantro fresco picado.

curry
de verduras estilo hindú

1 Saltee las verduras y las especias

En una sartén sobre fuego medio-alto caliente el aceite. Agregue las cebollas y el ajo. Saltee durante 5 minutos hasta suavizar. Añada el jengibre, cilantro, cúrcuma y las semillas de comino y saltee cerca de un minuto, hasta que aromaticen. Agregue una taza (250 ml/8 fl oz) de agua caliente y desglase la sartén, moviendo para raspar los trocitos dorados del fondo de la sartén. Cuando el agua hierva retire la sartén del fuego.

2 Cocine el curry

Ponga las papas, coliflor y ejotes en la olla de cocimiento lento. Vierta el contenido de la sartén sobre ellos. Espolvoree con 1½ cucharadita de sal y mezcle.

Tape y cocine durante 4 horas a temperatura alta o durante 8 horas a temperatura baja. Agregue el cilantro y mezcle. Sazone al gusto con sal y sirva.

Aceite de canola,
¼ taza (60 ml/2 fl oz)

Cebollas amarillas o blancas, 2, picadas

Ajo, 4 dientes,
finamente picados

Jengibre fresco,
3 cucharadas,
finamente picado

Cilantro molido,
1½ cucharadita

Cúrcuma molida,
1 cucharadita

Semillas de comino,
1 cucharadita

Papas cocidas, 500 g (1 lb),
sin piel y cortadas en trozos

Coliflor, 1 grande, limpia
y cortada en floretes

Ejotes, ¾ g (3/4 lb), limpios
y picados grueso

Cilantro fresco, ¼ taza
(10 g /⅓ oz), picado

Sal

DE 6 A 8 PORCIONES

pollo
en adobo

Cebolla amarilla o blanca,
4, partidas a la mitad
y en rebanadas

Ajo, 4 dientes, machacados

Hoja de laurel, 1

Granos de pimienta negra,
1 cucharadita

Muslos de pollo sin piel,
8, aproximadamente
1.5 kg (3 lb) en total,
sin demasiada grasa

Vinagre de arroz,
½ taza (125 ml/4 fl oz)

Salsa de soya, ½ taza
(125 ml/4 fl oz), más la
necesaria para servir

Azúcar, 1 cucharada

Arroz blanco al vapor,
para servir

8 PORCIONES

1 Preparando el adobo
Extienda la mitad de las rebanadas de cebolla en el
fondo de la olla de cocimiento lento. Agregue 2 dientes de ajo,
la hoja de laurel y los granos de pimienta. Acomode el pollo en
una sola capa sobre las cebollas. Cubra con las cebollas y el
ajo restantes. Rocíe con el vinagre y la salsa de soya sobre los
ingredientes y espolvoree con el azúcar.

2 Cocine el adobo
Tape y cocine durante 4 horas a temperatura alta o a
temperatura baja durante 8 horas. Retire y deseche la hoja de
laurel. Divida el arroz al vapor entre 8 platos y cubra con el
pollo. Usando una cuchara vierta el jugo de la olla de
cocimiento lento sobre el pollo y sirva. Acompañe con más
salsa de soya a la mesa.

sugerencia del chef

Para una variación de este
sabroso platillo filipino, sustituya
el pollo por 1.5 kg
(3 lb) de carne de res para
guisado o de lomo de puerco,
cortado en trozos de 4 cm
(1½-inch).

sugerencia del chef

Sirva este clásico platillo italiano
sobre tallarines de huevo frescos
o pasta en tiras como fetuccini
(fotografía superior) o
pappardelle, para que absorban
todo el jugo.

pollo
a la cazadora

1 Dore el pollo

En un plato grande mezcle la harina, una cucharada de sal y 1½ cucharadita de pimienta. Cubra las piezas de pollo uniformemente con la mezcla de la harina sacudiendo el exceso. En una sartén grande sobre fuego medio-alto caliente el aceite. Agregue las piezas de pollo, en tandas si fuera necesario, colocando el lado de la piel hacia abajo y cocine cerca de 7 minutos, hasta que la parte de abajo esté dorada. Voltee el pollo y cocine por el otro lado 3 ó 4 minutos más, hasta que esté ligeramente dorado. Pase las piezas de pollo a la olla de cocimiento lento.

2 Cocine el pollo y las verduras

Vuelva a colocar la sartén sobre fuego medio-alto. Agregue los pimientos, cebolla y ajo y saltee cerca de 3 minutos, hasta suavizar. Vierta el vino y el caldo y desglase la sartén, moviendo para raspar los trocitos dorados de la base de la sartén. Integre los jitomates y el orégano; hierva a fuego lento. Vierta la mezcla sobre el pollo. Cubra y cocine durante 4 horas a temperatura alta o durante 8 horas a temperatura baja.

3 Añada los champiñones

Cerca de 10 minutos antes de que el platillo esté listo, integre los champiñones. Sazone al gusto con sal y pimienta y sirva.

Harina, ⅓ taza (60 g/2 oz)

Sal y pimienta recién molida

Pollo entero, de 1.75 a 2 kg (3½-4 lb), cortado en piezas

Aceite de oliva, ¼ taza (60 ml/2 fl oz)

Pimientos (capsicums) rojos o amarillos,

Cebolla amarilla o blanca, 1, partida a la mitad y rebanada

Ajo, 4 dientes, finamente picados

Vino tinto seco, ¾ taza (180 ml/6 fl oz)

Caldo de pollo, ¾ taza (180 ml/6 fl oz)

Jitomates guaje (roma) machacados, 1 lata (875g/28 oz)

Orégano seco, 1 cucharada

Champiñones u hongos cremini, 185 g (6 oz), rebanados

6 PORCIONES

pato estofado con higos y oporto

Piernas de pato,
6, aproximadamente 2 kg
(4 lb) en total

Sal y pimienta recién molida

Mantequilla sin sal,
3 cucharadas

Aceite de oliva,
3 cucharadas

Cebolla amarilla o blanca,
1, finamente picada

Ajo, 3 dientes,
finamente picados

Oporto, 1 taza
(250 ml/8 fl oz)

Caldo de pollo, ¾ taza
(180 ml/6 fl oz)

Tomillo fresco, 3 ramas
pequeñas

Higos secos, 2 tazas
(375 g/¾ lb)

6 PORCIONES

1 Dore el pato
Sazone las piernas de pato por ambos lados con sal y pimienta. En una sartén grande sobre fuego medio-alto derrita la mantequilla con el aceite. Agregue la cebolla y el ajo y saltee aproximadamente 4 minutos, hasta que se empiecen a suavizar. Recorra la cebolla y el ajo a los lados de la sartén y ponga las piernas de pato en el centro, con la piel hacia abajo. Cocine cerca de 5 minutos, hasta que estén doradas en la parte inferior. Voltee las piernas y cocine aproximadamente 3 minutos más, hasta que estén doradas por el segundo lado. Pase las piernas de pato, con la piel hacia arriba, a la olla de cocimiento lento.

2 Cocine el pato
Vuelva a poner la sartén con las cebollas y el ajo sobre fuego medio-alto. Vierta el oporto y el caldo y desglase la sartén, moviendo para raspar los trocitos dorados de la base de la sartén. Hierva y pase a la olla de cocimiento lento. Agregue las ramas de tomillo y los higos. Tape y cocine a temperatura alta durante 3½ horas o a temperatura baja durante 7 horas.

3 Finalice el platillo
Retire y deseche las ramas de tomillo. Pase las piernas de pato a un platón y deje reposar cerca de 10 minutos, tapándolas holgadamente con papel aluminio. Usando una cuchara retire y deseche el exceso de grasa de la superficie del líquido de cocimiento. Sazone el jugo restante al gusto con sal y pimienta. Divida las piernas de pato entre 6 platos. Usando una cuchara cubra con el jugo y los higos; sirva.

sugerencia del chef

Para guardar el pato sobrante, retire la carne de los huesos y deseche la piel. Deshebre la carne y almacene en un recipiente hermético hasta por 2 días en el refrigerador. Cuando esté listo para servirlo, recaliente la carne en la salsa y sirva sobre tallarines anchos o papas fritas para convertirlo en un rápido y sencillo plato principal.

sugerencia del chef

El puerco en chile verde es un excelente relleno para hacer burritos: coloque una cucharada grande de puerco y arroz al vapor en medio de una tortilla de harina caliente. Espolvoree con queso rallado y lechuga rallada, rocíe con crema ácida. Doble ambos lados y enrolle para hacer un burrito.

puerco en
chile verde

1 Cocine el guisado

Ponga los chiles y su jugo en la olla de cocimiento lento, desbaratando los chiles con sus dedos para dejarlos en tiras gruesas. Integre la carne, caldo de pollo, ajo, orégano, 1 ½ cucharadita de sal y ½ cucharadita de pimienta blanca. Tape y cocine a temperatura alta durante 4 horas o a temperatura baja durante 8 horas.

2 Sirva y adorne el guisado

Pruebe y ajuste la sazón. Usando un cucharón coloque el guisado sobre el arroz y sirva. Acompañe con la crema y el cilantro a la mesa.

Chiles poblanos asados enteros de lata, 1 lata de 250 g (8 oz)

Espaldilla de puerco sin hueso, 1.5 kg (3 lb), cortada en cubos de 2.5 cm (1 in)

Caldo de pollo, 2 tazas (500 ml/16 fl oz)

Ajo, 4 dientes, finamente picados

Orégano seco, 1 cucharadita

Sal y pimienta blanca recién molida

Arroz blanco al vapor, para acompañar

Crema ácida, ¾ taza (185 g/6 oz)

Cilantro fresco, ½ taza (20 g/¾ oz) picado

DE 6 A 8 PORCIONES

guisado
primaveral de ternera

Pierna o espaldilla de ternera, 1.5 kg (3 lb), cortada en cubos de 5 cm (2 in)

Sal y pimienta recién molida

Mantequilla sin sal, 3 cucharadas

Aceite de oliva, 3 cucharadas

Poros, 2, las partes blancas y verde claro, partidos a la mitad, limpios y finamente rebanados

Vino blanco seco, 1 taza (250 ml/8 fl oz)

Tomillo seco, 2 ramas pequeñas

Espárragos, 250 g (½ lb), sin las puntas ásperas y picados grueso

Champiñones u hongos cremini, 185 g (6 oz), rebanados

Chícharos congelados, 250 g (½ lb)

Crème Fraîche o crema ácida, ½ taza (125 g/4 oz)

Perejil liso (italiano) fresco, 3 cucharadas, picado

DE 6 A 8 PORCIONES

1 Dore la ternera

Sazone los cubos de ternera con sal y pimienta. En una sartén grande sobre fuego medio-alto derrita la mantequilla con el aceite. Agregue la ternera y cocine en tandas si fuera necesario para evitar que se acumulen, de 7 a 10 minutos en total, hasta que se dore por todos los lados. Agregue los poros y saltee cerca de 3 minutos más, hasta que se empiecen a suavizar. Pase la ternera y los poros a la olla de cocimiento lento.

2 Cocine el guisado

Vuelva a poner la sartén sobre fuego medio-alto, agregue el vino y desglase la sartén, moviendo para raspar los trocitos dorados de la base de la sartén. Hierva el vino y vierta sobre la ternera. Añada las ramas de tomillo, tape y cocine durante 3 horas a temperatura alta o de 6 a 6½ horas a temperatura baja.

3 Añada las verduras

Añada los espárragos, champiñones y chícharos y mezcle. Tape y continúe cocinando de 20 a 30 minutos hasta que las verduras estén suaves. Retire y deseche las ramas de tomillo. Integre la crème fraîche, moviendo hasta que se mezcle con los jugos de cocimiento. Sazone al gusto con sal y pimienta. Usando una cuchara pase el guisado a platos poco profundos, adorne con el perejil y sirva.

sugerencia del chef

Si hay chícharos frescos de temporada, sustituya los chícharos congelados por 1 kg (2 lb) de chícharos en vaina. Quite la vaina y añádalos al guisado en el paso 3.

sugerencia del chef

La leche de coco, un ingrediente esencial en la cocina asiática del Sureste, se usa en una amplia variedad de platillos, desde los curries hasta las sopas. Antes de abrir una lata de leche de coco, agítela bien para mezclar la leche y la crema.

guisado de carne al estilo indonesio

1 Saltee la carne
En una sartén grande sobre fuego medio-alto, caliente el aceite. Agregue la carne y la cebolla. Cocine moviendo frecuentemente cerca de 4 minutos, hasta que la carne ya no esté roja y la cebolla esté suave. Cubra con el coco rallado, azúcar morena, cilantro, comino y una cucharada de sal y una de pimienta. Continúe salteando 5 ó 7 minutos más, hasta que la carne y el coco estén dorados y las especias aromaticen. Pase la mezcla a la olla de cocimiento lento.

2 Cocine el guisado
Agregue la leche de coco a la sartén, suba el fuego a alto y desglase la sartén moviendo para raspar los trocitos dorados de la base de la sartén. Hierva la leche de coco y vierta en la olla de cocimiento lento. Tape y cocine a temperatura alta durante 4 horas o a temperatura baja durante 8 horas.

3 Finalice el guisado
Sazone el guisado al gusto con sal y pimienta. Usando un cucharón ponga el guisado sobre arroz blanco al vapor y sirva.

Aceite de canola, 1/4 taza (60 ml/2 fl oz)

Carne magra de res sin hueso, 1.5 kg (3 lb), cortada en cubos de 5 cm (2 in)

Cebolla amarilla o blanca, 1, picada

Coco seco rallado o en hojuelas sin endulzar, 2 tazas (250 g/8 oz)

Azúcar morena, 1 cucharada

Cilantro molido, 1 cucharada

Comino molido, 1 1/2 cucharadita

Sal y pimienta recién molida

Leche de Coco, 4 tazas (1 l/32 fl oz)

Arroz blanco al vapor, para acompañar

DE 6 A 8 PORCIONES

sauerbraten con col morada

Carne magra de res sin hueso, 1.75–2 kg (3½–4 lb)

Sal y pimienta negra recién molida

Jengibre molido, 1 cucharadita

Cebollas amarillas o blancas, 2, picadas

Caldo de res, 1 taza (250 ml/8 fl oz)

Vinagre de manzana, ¾ taza (180 ml/6 fl oz)

Azúcar mascabado, ½ taza compacta (105 g/3½ oz)

Hoja de laurel, 1

Col morada, ½ pieza, partida longitudinalmente a la mitad, descorazonada y finamente rallada a lo ancho

Galletas de jengibre, 112 ó 16, finamente molidas

8 PORCIONES

1 **Empiece el sauerbraten**
Sazone la carne por todos lados con sal y pimienta. Espolvoree con el jengibre molido y presione para fijarlo a la carne. Coloque la carne en la olla de cocimiento lento y añada las cebollas. En una olla pequeña sobre fuego alto mezcle el caldo y el vinagre; hierva. Agregue el azúcar mascabado y mueva hasta que se disuelva. Vierta el líquido sobre la carne y agregue la hoja de laurel.

2 **Cocine el sauerbraten**
Tape y cocine a temperatura alta durante 3 horas o a temperatura baja durante 7 horas. Agregue la col usando una cuchara de madera para presionarla dentro del líquido alrededor de la carne. Espolvoree la col con una cucharadita de sal. Tape y continúe cocinando una hora más.

3 **Finalice el sauerbraten**
Retire y deseche la hoja de laurel. Pase la carne a una tabla de picar y pase la col braseada a un tazón de servir. Integre la cantidad suficiente de galleta molida al jugo de la olla de cocimiento lento para formar una salsa espesa. Sazone al gusto con sal y pimienta. Rebane la carne contra el grano. Divida la carne y la col braseada entre platos individuales. Usando una cuchara cubra con la salsa y sirva.

sugerencia del chef

El Sauerbraten se deja marinar tradicionalmente durante 1 ó 2 días. Para marinar la carne antes de cocinarla, hierva el caldo, vinagre y azúcar mascabado, moviendo para disolver el azúcar. Deje enfriar a temperatura ambiente. Sazone la carne y ponga en un recipiente. Vierta la mezcla de vinagre sobre la carne, tape y refrigere hasta por 2 días, volteando ocasionalmente, antes de continuar con el paso 2.

sugerencia del chef

Para hacer un sencillo pilaf de arroz a la menta para servir con el curry, ponga 2 tazas (440 g/14 oz) de arroz basmati al vapor, siguiendo las instrucciones del paquete. Justo antes de servir agregue cerca de 3 cucharadas de menta fresca, finamente picada y usando dos tenedores esponje el arroz con la menta.

curry de cordero y espinacas estilo hindú

1 Saltee las verduras y las especias

En una sartén sobre fuego medio-alto caliente el aceite. Añada las cebollas y el ajo y saltee cerca de 5 minutos, hasta dorar. Integre el jengibre, comino, pimienta de cayena y cúrcuma. Saltee aproximadamente 30 segundos más, hasta que aromaticen. Vierta el caldo, suba a fuego alto y desglase la sartén moviendo para raspar los trocitos dorados de la base de la sartén. Cuando el caldo empiece a hervir retire la sartén del fuego.

2 Cocine el curry

Ponga el cordero en la olla de cocimiento lento y espolvoree con una cucharada de sal. Vierta el contenido de la sartén. Tape y cocine a temperatura alta durante 4 horas o a temperatura baja durante 8 horas.

3 Finalice el curry

Añada la espinaca miniatura al curry y cocine cerca de 5 minutos, moviendo ocasionalmente, hasta que la espinaca se marchite. Justo antes de servir, integre 1 ⅓ taza (345 g/11 oz) del yogurt al curry. Sazone al gusto con sal. Usando una cuchara pase el curry a unos tazones poco profundos y sirva llevando el yogurt restante a la mesa.

Aceite de canola, ⅓ taza (80 ml/3 fl oz)

Cebollas blancas o amarillas, 3 picadas

Ajo, 4 dientes, finamente picados

Jengibre, una pieza de 5 cm (2 in), sin piel y rallada

Comino molido, 2 cucharaditas

Pimienta cayena, 1 ½ cucharadita

Cúrcuma molida, 1 ½ cucharadita

Caldo de res, 2 tazas (500 ml/16 fl oz)

Pierna de cordero sin hueso, 1.5 kg (3 lb), cortada en cubos de 2.5 cm (1 in)

Sal

Espinaca miniatura, 6 tazas (185 g/6 oz)

Yogurt simple, 2 tazas (500 g/1 lb)

DE 6 A 8 PORCIONES

29

30 minutos
de preparación

sopa de calabaza butternut

Mantequilla sin sal,
4 cucharadas (60 g/2 oz)

Cebolla amarilla o blanca,
1, picada

Jengibre, una pieza de 5 cm
(2 in), sin piel y rallada

Canela molida,
½ cucharadita

Nuez moscada molida,
⅛ cucharadita

Calabaza butternut, 2, cerca
de 2 kg (4 lb) en total, sin piel
y cortada en trozos

Azúcar morena, 1 cucharada

**Sal y pimienta blanca
molida**

Caldo de verduras, 4 tazas
(1 l/32 fl oz)

Crema ácida, ½ taza
(125 g/4 oz)

**Cebollín fresco o perejil
liso (italiano) fresco,
picado, para adornar**

DE 6 A 8 PORCIONES

1 Saltee las verduras
En una sartén sobre fuego medio derrita la mantequilla.
Agregue la cebolla y saltee aproximadamente 5 minutos, hasta
suavizar. Añada el jengibre, canela y nuez moscada; saltee
cerca de un minuto más, hasta que aromatice.

2 Cocine la sopa
Ponga los trozos de calabaza en la olla de cocimiento
lento y espolvoree con azúcar morena, ½ cucharadita de sal
y ¼ cucharadita de pimienta blanca. Vierta los ingredientes de
la sartén sobre la calabaza y añada el caldo. Tape y cocine a
temperatura alta durante 3 horas o a temperatura baja
durante 6 horas.

3 Finalice la sopa
Usando una licuadora o un procesador de alimentos y
trabajando en tandas procese la mezcla de calabaza hasta
obtener un puré terso. Regrese la sopa a la olla de cocimiento
lento para mantenerla caliente hasta servir. Sazone al gusto
con sal y pimienta. Usando un cucharón pase a los tazones,
adorne con una cucharada de crema ácida y el cebollín y sirva.

sugerencia del chef

Para una versión vegetariana de la sopa, omita el jamón con hueso y use caldo de verduras en lugar del caldo de pollo. Para completar su menú acompañe la sopa con una ensalada verde y una barra crujiente de pan campestre.

sopa de chícharos con jamón

1 Cocine la sopa

En una sartén sobre fuego medio caliente el aceite. Agregue la cebolla y el ajo; saltee de 4 a 5 minutos, hasta suavizar. Ponga el trozo de jamón en el centro de la olla de cocimiento lento y extienda los chícharos secos alrededor de él. Agregue la cebolla y el ajo salteado, las zanahorias y el apio. Añada el caldo, tomillo, una cucharadita de sal y ½ cucharadita de pimienta. Tape y cocine a temperatura alta durante 4 ó 5 horas o a temperatura baja durante 8 ó 10 horas, hasta que los chícharos estén muy suaves.

2 Finalice la sopa

Pase el trozo de jamón a un platón o tabla de picar y deje enfriar cerca de 15 minutos, hasta que pueda tocarse. Usando sus dedos o tenedor y cuchillo separe la carne del hueso deshebrándola o cortándola en pedacitos del tamaño de un bocado. Integre el jamón otra vez con la sopa y añada el perejil. Usando un cucharón pase la sopa a los tazones y sirva.

Aceite de oliva,
2 cucharadas

Cebolla amarilla o blanca,
1, finamente picada

Ajo, 2 dientes,
finamente picados

Jamón ahumado con hueso,
1, aproximadamente 750 g (1 ½ lb)

Chícharos verdes secos,
500 g (1 lb), escogidos y limpios

Zanahorias, 3, picadas

Apio, 2 tallos, picados

Caldo de pollo, 6 tazas (1.5 l/48 fl oz)

Tomillo seco, 1 cucharadita

Sal y pimienta recién molida

Perejil liso (italiano) fresco,
½ taza (20 g/¾ oz), picado

DE 6 A 8 PORCIONES

pollo
tagine

Harina, ¼ taza (45 g/1½ oz)

Sal y pimienta negra recién molida

Muslos de pollo,
6, aproximadamente 1.5 kg
(3 lb) en total

Aceite de oliva, ¼ taza
(60 ml/2 fl oz)

Comino molido,
2 cucharaditas

Pimienta de cayena,
1½ cucharadita

Caldo de pollo, 2 tazas
(500 ml/16 fl oz)

**Perejil liso (italiano)
fresco,** ½ taza (20 g/¾ oz),
picado grueso, más el
necesario para adornar

Ajo, 2 dientes, machacados

Jitomate en cubos, 1 lata
(875 g/28 oz), escurridos

Limones, 3, cortados
en cuarterones

Garbanzos, 1 lata
(15 oz/470 g), escurridos
y enjuagados

6 PORCIONES

1 Dore el pollo

En un platón grande mezcle la harina, una cucharadita de sal y ½ cucharadita de pimienta negra. Cubra los muslos de pollo uniformemente con la mezcla de harina sacudiendo el exceso; reserve la mezcla de harina restante. En una sartén grande sobre fuego medio-alto caliente el aceite. Añada los muslos de pollo colocando la piel hacia abajo y cocine entre 7 y 10 minutos, hasta que estén dorados. Voltee los muslos y dore 2 ó 3 minutos más. Pase los muslos de pollo a la olla de cocimiento lento.

2 Desglase la sartén

Reserve una cucharada de la grasa en la sartén y deseche el resto y vuelva a colocar la sartén sobre fuego medio-alto. Agregue el comino, pimienta de cayena y la mezcla de harina reservada. Mezcle brevemente usando una cuchara de madera, hasta que aromatice. Integre el caldo. Suba el fuego a alto, hierva y desglase la sartén, moviendo para raspar los trocitos dorados de la base de la sartén. Vierta el contenido de la sartén sobre el pollo.

3 Cocine el guisado

Añada la ½ taza de perejil picado, el ajo y los jitomates a la olla de cocimiento lento. Ponga 4 de los cuarterones de limón alrededor de las piezas de pollo. Tape y cocine a temperatura alta durante 1½ hora o a temperatura baja durante 4 horas. Integre los garbanzos y cocine durante una hora más. Retire y deseche los cuarterones de limón. Sazone el guisado al gusto con sal y pimienta negra. Sirva adornado con perejil y los cuarterones de limón restantes.

sugerencia del chef

Este guisado de pollo estilo marroquí por lo general se sirve sobre una cama de cuscús, que son pequeñas cuentas de semolina cocidas al vapor. El cuscús de cocimiento rápido se puede conseguir en muchos supermercados; sírvalo simple o mézclelo con pasitas o con almendras tostadas.

sugerencia del chef

Puede sustituir el pollo por 1.5 kg (3 lb) de espaldilla de puerco sin hueso, cortada en trozos de 5 cm (2 in). El tiempo de cocimiento deberá aumentarse de 3 a 4 horas a temperatura alta o de 6 a 8 horas a temperatura baja.

pollo
cubano

1 Dore el pollo

Sazone las piezas de pollo con sal y pimienta. En una sartén grande sobre fuego medio-alto caliente el aceite. Agregue las piezas de pollo, en tandas si fuera necesario, colocando la piel hacia abajo y cocine aproximadamente 7 minutos, hasta que se doren. Voltee el pollo y cocine por el otro lado cerca de 3 minutos más, hasta que esté ligeramente dorado. Pase a la olla de cocimiento lento.

2 Desglase la sartén

Reserve una cucharada de la grasa en la sartén y deseche el resto; vuelva a colocar la sartén sobre fuego medio-alto. Agregue el ajo y saltee cerca de un minuto, hasta que aromatice. Integre los jugos de naranja y limón. Suba el fuego a alto, hierva y desglase la sartén moviendo para raspar los trocitos dorados de la base de la sartén. Vierta el contenido de la sartén sobre el pollo.

3 Cocine el guisado

Añada la hoja de laurel, extienda las cebollas sobre el pollo y espolvoree con una cucharadita de sal. Tape y cocine a temperatura alta durante 2 ½ horas o a temperatura baja durante 5 horas. Retire y deseche la hoja de laurel. Pase el pollo a un platón de servicio. Sazone la salsa al gusto con sal y una generosa ración de pimienta. Usando una cuchara cubra el pollo con las cebollas y la salsa, adorne con perejil y sirva acompañando con las rebanadas de limón a la mesa.

Un pollo entero, cerca de 2 kg (4 lb), cortado en 8 piezas

Sal y pimienta recién molida

Aceite de oliva, 3 cucharadas

Ajo, 8 dientes, picados grueso

Jugo de naranja, ¾ taza (180 ml/6 fl oz)

Jugo de limón, ¾ taza (180 ml/6 fl oz), de aproximadamente 5 limones

Hoja de laurel, 1

Cebolla amarilla o blanca, 1, finamente rebanada

Perejil liso (italiano) fresco, ½ taza (20 g/¾ oz) , finamente picado

Limones, 2, cortados en rebanadas

6 PORCIONES

coq
au vin

Un pollo entero,
aproximadamente 2 kg
(4 lb), cortado en 8 piezas

**Sal y pimienta recién
molida**

Mantequilla sin sal,
2 cucharadas

Tocino rebanado grueso,
185 g (6 oz), picado

Champiñones,
375 g (¾ lb) partidos a la
mitad

Cebolla amarilla o blanca,
2, finamente picadas

Ajo, 3 dientes,
finamente rebanados

Zanahorias,
2, finamente picadas

Harina, 3 cucharadas

Vino tinto seco, 1 botella
(750 ml/24 fl oz)

Caldo de pollo, 2 tazas
(500 ml/16 fl oz)

Tomillo fresco, 3 ramas
pequeñas

**Tallarines de huevo
cocidos,** para acompañar

6 PORCIONES

1 Dore el pollo
Sazone las piezas de pollo con sal y pimienta. En una sartén grande sobre fuego medio-alto derrita la mantequilla. Agregue el tocino y cocine moviendo durante 5 minutos hasta que se dore. Pase el tocino a toallas de papel para escurrir la grasa. Agregue las piezas de pollo a la sartén, por tandas si fuera necesario, con la piel hacia abajo y cocine 8 ó 10 minutos hasta que estén doradas. (No necesita voltearlas). Pase el pollo a la olla de cocimiento lento y cubra con el tocino.

2 Saltee las verduras
Reserve 2 ó 3 cucharadas de la grasa de la sartén y deseche el resto. Vuelva a poner la sartén sobre fuego alto. Agregue los champiñones y saltee 4 ó 5 minutos, hasta dorar. Agregue las cebollas, ajo y zanahorias y saltee 2 minutos más hasta que las cebollas se suavicen. Espolvoree con la harina y saltee, moviendo, durante un minuto más. Integre el vino, deje hervir y desglase la sartén moviendo para raspar los trocitos dorados de la base de la sartén. Incorpore el caldo y vuelva a hervir. Vierta el contenido de la sartén sobre el pollo.

3 Cocine el pollo
Ponga las ramas de tomillo alrededor de las piezas de pollo. Tape y cocine a temperatura alta durante 2½ horas o a temperatura baja durante 5 horas. Retire y deseche las ramas de tomillo. Sazone al gusto con sal y pimienta. Usando una cuchara coloque el pollo sobre los tallarines cocidos y sirva.

sugerencia del chef

Use un vino de cuerpo medio o entero para cocinar el pollo y posteriormente acompañe su comida con el mismo vino. O experimente usando un vino blanco seco en lugar del vino tinto para obtener un platillo más ligero pero también delicioso.

gumbo de pollo y salchicha

1 Cocine el pollo

En una sartén grande sobre fuego medio-alto caliente una cucharada del aceite. Añada el pollo y cocine moviendo ocasionalmente, cerca de 8 minutos, hasta que esté ligeramente dorado por todos lados. Pase el pollo a la olla de cocimiento lento y posteriormente agregue las salchichas. Cubra con las rebanadas de quimbombó, pimientos, apio y cebolla.

2 Haga el roux

Vuelva a colocar la sartén sobre fuego medio y añada la cucharada restante de aceite. Espolvoree la harina en la sartén y cocine cerca de 4 minutos, moviendo constantemente, hasta dorar. Integre el caldo y los jitomates con su jugo; suba el fuego a medio-alto. Cuando la mezcla empiece a hervir, retire la sartén del fuego. Sazone con 1/2 cucharadita de sal y la pimienta de cayena y vierta sobre las verduras, el pollo y las salchichas.

3 Cocine el gumbo

Tape y cocine a temperatura alta durante 4 horas o a temperatura baja durante 8 horas. Sazone al gusto con sal y pimienta de cayena. Usando un cucharón coloque el gumbo sobre arroz al vapor y sirva.

Aceite de oliva, 2 cucharadas

Muslos de pollo sin piel y sin hueso, 4, cortados en piezas de 4 cm (1 1/2-in)

Salchicha Andouille u otra salchicha ahumada con especias, 375 g (3/4 lb), cortada en rebanadas de 2.5 cm (1 in)

Quimbombó, 250 g (1/2 lb), cortado transversalmente en rebanadas gruesas

Pimiento (capsicum) rojo o verde, 1, sin semillas y picado

Apio, 3 tallos, picados

Cebolla amarilla o blanca, 1, picada

Harina, 2 cucharadas

Caldo de pollo, 2 tazas (500 ml/16 fl oz)

Jitomate guaje (roma) en cubos, 1 lata (455 g/14 1/2 oz/455 g), con su jugo

Sal

Pimienta de cayena, 1/4 cucharadita

Arroz blanco al vapor, para acompañar

DE 4 A 6 PORCIONES

chuletas de cordero estofadas estilo marroquí

Harina, ¼ taza (45 g/1½ oz)

Sal y pimienta recién molida

Chuletas de espaldilla de cordero, 2 kg (4 lb) en total, cada una de 2.5 cm (1 in) de grueso, sin demasiada grasa

Aceite de oliva, 3 cucharadas

Cebolla amarilla o blanca, 1, finamente picada

Comino molido, 1 cucharadita

Páprika, 1 cucharadita

Caldo de res, 2 tazas (500 ml/16 fl oz)

Jugo de limón, de 1 limón

Aceitunas verdes, 1½ taza (235 g/7½ oz), escurridas y sin hueso si se desea

Menta fresca, ½ taza (20 g /¾ oz) minced

DE 6 A 8 PORCIONES

1 Dore el cordero

En un plato grande mezcle la harina con una cucharadita de sal. Cubra las chuletas de cordero uniformemente con la mezcla de harina, sacudiendo el exceso; reserve la mezcla de harina restante. En una sartén grande sobre fuego medio-alto caliente el aceite. Agregue las chuletas de cordero, en tandas si fuera necesario, y cocine cerca de 3 minutos por cada lado, volteando una vez, hasta que se doren.

2 Haga la salsa

Reserve una cucharada de la grasa de la sartén y deseche el resto. Vuelva a colocar la sartén sobre fuego medio-alto. Agregue la cebolla y saltee 2 ó 3 minutos, hasta que esté traslúcida. Espolvoree con el comino, páprika y la mezcla de harina reservada; saltee brevemente hasta que aromatice. Integre el caldo y el jugo de limón. Suba el fuego a alto, hierva y desglase la sartén, moviendo para raspar los trocitos dorados de la base de la sartén. Vierta el contenido de la sartén sobre el cordero.

3 Estofe el cordero

Tape y cocine a temperatura alta durante 3 ó 4 horas o a temperatura baja durante 6 u 8 horas. El cordero deberá estar muy suave. Aproximadamente una hora antes de que el cordero esté listo, añada las aceitunas. Cuando el cordero esté listo pase a un platón y tape con papel aluminio para mantener caliente. Usando una cuchara retire el exceso de grasa de la superficie de la salsa. Sazone al gusto con sal y pimienta. Integre la menta. Deje las chuletas en el platón o pase a platos individuales. Usando una cuchara cubra el cordero con la salsa con las aceitunas y la menta y sirva.

sugerencia del chef

Para una comida completa sirva
el cordero estofado sazonado
aromáticamente sobre cuscús
recién cocido al vapor, puré de
papas o arroz al vapor para que
absorba todo el jugo.

sugerencia del chef

En este platillo también se pueden usar otras frutas secas como peras, manzanas, cerezas o higos. Use solamente una fruta o una combinación de frutas para obtener un total de 3 tazas (560 g/18 oz).

puerco rostizado con compota de frutas secas

1 Dore la carne

Sazone la carne por todos lados con sal y pimienta. En una sartén grande sobre fuego medio-alto caliente el aceite. Agregue la carne y dore por todos lados, cerca de 10 minutos en total. Pase la carne a la olla de cocimiento lento. Retire el exceso de grasa de la sartén y vuelva a poner la sartén sobre fuego alto. Integre el caldo, vino y jugo de naranja y desglase la sartén moviendo para raspar los trocitos dorados de la base de la sartén. Integre el azúcar mascabado, hierva y vierta el contenido de la sartén sobre la carne.

2 Cocine la carne

Agregue la rama de romero a la olla de cocimiento lento. Ponga las ciruelas y los chabacanos alrededor de la carne. Tape y cocine a temperatura alta durante 4 horas o a temperatura baja durante 8 horas.

3 Trinche la carne

Retire y deseche la rama de romero. Pase la carne a un platón y, usando una cuchara, ponga la compota de fruta alrededor de la carne. Rebane la carne en contra del grano o, si la carne está muy tierna para rebanarla, use un par de tenedores para separarla en trozos grandes. Sirva acompañado de la compota.

Espaldilla de puerco con hueso, 1.5 kg (3 lb)

Sal y pimienta recién molida

Aceite de oliva, 3 cucharadas

Caldo de pollo, 1 taza (250 ml/8 fl oz)

Vino blanco seco, 3/4 taza (180 ml/6 fl oz)

Jugo de naranja, 1/2 taza (125 ml/4 fl oz)

Azúcar mascabado, 1/4 taza compacta (60 g/2 oz)

Romero fresco, 1 rama pequeña

Ciruelas secas, 1 1/2 taza (280 g/9 oz), sin hueso

Chabacanos secos, 1 1/2 taza (280 g/9 oz)

8 PORCIONES

lomo de puerco
con manzanas y salvia

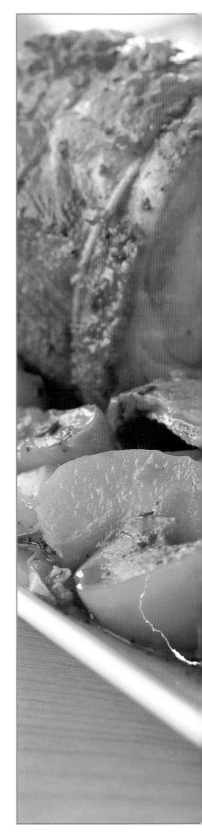

Lomo de puerco sin hueso,
1.25–1.5 kg (2½–3 lb), sin
demasiada grasa, enrollado
y atado

**Sal y pimienta recién
molida**

Aceite de canola,
2 cucharadas

Salvia seca, 2 cucharaditas

Cebolla amarilla o blanca,
½, picada

Ajo, 2 dientes,
finamente picados

Caldo de pollo, 1 taza
(250 ml/8 fl oz)

**Jugo de manzana
sin endulzar,** 1 taza
(250 ml/8 fl oz)

Raja de canela, 1 pequeña

**Manzanas verdes
Granny Smith,**
6, partidas a la mitad,
descorazonadas y rebanadas

Fécula de maíz,
2 cucharadas

DE 6 A 8 PORCIONES

1 Dore la carne
Sazone el lomo de puerco por todos lados con sal y
pimienta. En una sartén grande sobre fuego medio-alto
caliente el aceite. Agregue el lomo y dore bien por todos lados
cerca de 10 minutos en total. Pase a la olla de cocimiento
lento. Espolvoree la salvia sobre el lomo.

2 Haga la salsa
Vuelva a colocar la sartén sobre fuego medio-alto.
Añada la cebolla y el ajo y saltee 2 ó 3 minutos hasta suavizar.
Agregue el caldo y ½ taza (125 ml/4 fl oz) del jugo de
manzana, hierva y desglase la sartén moviendo para raspar los
trocitos dorados de la base de la sartén. Vierta sobre el lomo
de puerco. Agregue la raja de canela, tape y cocine a
temperatura alta durante 2 ó 3 horas o a temperatura baja
durante 5 ó 6 horas. Acomode las rebanadas de manzana
alrededor de la carne, tape y continúe cocinando una hora
más, hasta que las manzanas estén suaves.

3 Finalice la salsa
Pase la carne a una tabla para picar y retire el cordón.
Pase las rebanadas de manzana a un tazón. Tape el lomo y las
manzanas con papel aluminio para mantener calientes. Ponga
la olla de cocimiento lento a temperatura alta. En un tazón
pequeño integre la fécula de maíz con la ½ taza restante de
jugo hasta que se disuelva. Vierta lentamente la mezcla de
fécula de maíz y jugo a la olla de cocimiento lento, moviendo
constantemente. Continúe moviendo durante 3 ó 5 minutos,
hasta que se espese y tenga una consistencia cremosa.
Sazone al gusto con sal y pimienta. Rebane la carne en contra
del grano y sirva con las manzanas. Usando una cuchara cubra
la carne con la salsa.

sugerencia del chef

Para ahorrar tiempo en la cocina, pídale al carnicero que amarre el lomo o cómprelo ya amarrado. La forma compacta le asegura un cocimiento uniforme y unas rebanadas más parejas.

sugerencia del chef

Sirva estos deliciosos sándwiches con ensalada de col hecha en casa o con una ensalada comprada de buena calidad; también puede acompañar con una ensalada de papas de su tienda de abarrotes favorita o de un mercado de calidad. Tradicionalmente la ensalada se sirve sobre la carne dentro del sándwich.

puerco
deshebrado

1 Dore la carne

En una sartén grande sobre fuego medio-alto caliente el aceite. Añada los trozos de carne y dore bien por todos lados, cerca de 12 minutos en total. Pase la carne a la olla de cocimiento lento.

2 Haga la salsa y cocine la carne

Reserve una cucharada de la grasa de la sartén y deseche el resto. Vuelva a colocar la sartén sobre fuego medio-alto. Agregue la cebolla y saltee cerca de 5 minutos hasta que se dore. Agregue el vinagre y desglase la sartén moviendo para raspar los trocitos dorados de la base de la sartén. Integre la salsa catsup, azúcar mascabado, melaza, hojuelas de chile rojo, salsa inglesa, mostaza y una cucharadita de sal y otra de pimienta. Cocine moviendo ocasionalmente sólo hasta que la mezcla empiece a burbujear. Vierta sobre la carne. Tape y cocine a temperatura alta durante 4 ó 5 horas o a temperatura baja durante 8 ó 10 horas. La carne de puerco deberá estar muy suave.

3 Deshebre la carne y sirva

Pase los trozos de carne a un platón. Usando un par de tenedores deshebre cada pieza de carne retirando y desechando los trozos grandes de grasa. Usando una cuchara retire el exceso de grasa de la superficie de la salsa y vuelva a poner la carne deshebrada en la salsa. Integre mezclando. Sirva la carne con la salsa dentro de los bollos.

Aceite de canola o de maíz, 3 cucharadas

Espaldilla de puerco sin hueso, 2 kg (4 lb), cortada en 3 trozos iguales

Cebolla amarilla o blanca, 1, finamente picada

Vinagre de manzana, 3/4 taza (180 ml/6 fl oz)

Salsa de tomate catsup, 3/4 taza (185 g/6 oz)

Azúcar mascabado, 1/3 taza compacta (75 g/2 1/2 oz)

Melaza, 1/4 taza (80 g/2 3/4 oz)

Hojuelas de chile rojo, 2 cucharaditas

Salsa inglesa, 1 cucharada

Mostaza en polvo, 1 cucharadita

Sal y pimienta recién molida

Bollos suaves para hamburguesas, abiertos a la mitad y tostados, para acompañar

DE 6 A 8 PORCIONES

chili de carne
y chipotle

Harina, ¼ taza (45 g/1½ oz)

Sal y pimienta recién molida

Carne de res magra sin hueso,
1.5 kg (3 lb), sin demasiada grasa y cortada en trozos

Aceite de oliva,
4 ó 6 cucharadas
(60 a 90 ml/2-3 fl oz)

Orégano seco,
1½ cucharadita

Ajo, 4 dientes,
finamente picados

Cebollas moradas,
2, finamente picadas

Caldo de res, 2 tazas
(500 ml/16 fl oz)

Chiles chipotle en adobo,
1 lata (220 g/7 oz)

DE 6 A 8 PORCIONES

1 Dore la carne

En una bolsa de plástico con cierre hermético mezcle la harina, una cucharadita de sal y ½ cucharadita de pimienta. Agregue los trozos de carne y sacuda para cubrir uniformemente con la mezcla de la harina. Reserve la mezcla de harina restante. En una sartén grande sobre fuego medio-alto caliente 4 cucharadas (60 ml/2 fl oz) del aceite. Agregue la mitad de los trozos de carne y cocine de 10 a 12 minutos, volteando conforme sea necesario, hasta que estén dorados uniformemente por todos lados. Pase los trozos de carne a toallas de papel para escurrir ligeramente y póngalos en la olla de cocimiento lento. Repita la operación con los demás trozos de carne, añadiendo las otras 2 cucharadas de aceite si fuera necesario. Espolvoree el orégano sobre la carne.

2 Saltee las verduras

Vuelva a poner la sartén sobre fuego medio-alto. Añada el ajo. Reserve ½ taza (75g/2½ oz) de cebolla y añada el resto a la sartén. Saltee cerca de un minuto, hasta que aromaticen. Espolvoree con la mezcla de harina reservada y saltee durante un minuto más. Vierta el caldo y añada los chiles chipotles con su salsa, troceándolos con sus dedos. Suba el fuego a alto, hierva y desglase la sartén moviendo para raspar los trocitos dorados de la base de la sartén. Vierta sobre la carne.

3 Cocine el chili

Tape y cocine a temperatura alta durante 3 ó 4 horas o a temperatura baja durante 6 u 8 horas. La carne deberá estar muy suave. Usando una cuchara pase el chili a los tazones, espolvoree con la ½ taza de cebolla reservada y sirva.

sugerencia del chef

Sustituya todo o una parte del caldo de res por una cerveza mexicana oscura. Le dará un delicioso sabor natural al chili. Algunas botellas de esta misma cerveza fría serían un complemento excelente para este picante chili ahumado.

sugerencia del chef

Sirva el pecho estilo barbecue
con una ensalada de papas o
puré de papas hecho en casa o
de marca comercial de buena
calidad. El pecho sobrante se
puede usar para preparar unos
deliciosos sándwiches en bollos
grandes con semillas de ajonjolí.

pecho de res
estilo barbecue

1 Dore la carne

En un plato grande mezcle la harina, una cucharadita de sal y ½ cucharadita de pimienta negra. Cubra la carne uniformemente con la mezcla de la harina sacudiendo el exceso. Reserve el resto de la mezcla de la harina. En una sartén grande sobre fuego alto caliente el aceite. Agregue la carne con el lado de la grasa hacia abajo y cocine cerca de 7 minutos, hasta que esté dorada. Voltee la carne y dore por el segundo lado cerca de 7 minutos más. Pase la carne a la olla de cocimiento lento con el lado de la grasa hacia arriba.

2 Saltee las verduras

Reserve una cucharada de la grasa de la sartén y deseche el resto. Vuelva a colocar la sartén sobre fuego medio-alto. Agregue las cebollas, ajo y pimienta de cayena y saltee 2 ó 3 minutos, hasta que las cebollas empiecen a estar traslúcidas. Integre la mezcla de la harina reservada y cocine durante un minuto más. Integre el caldo y el vinagre. Suba el fuego a alto, hierva y desglase la sartén moviendo para raspar los trocitos dorados de la base de la sartén. Añada el azúcar y la pasta de tomate moviendo para mezclar uniformemente. Vierta sobre la carne.

3 Cocine la carne

Tape y cocine a temperatura alta durante 3 ó 4 horas o a temperatura baja durante 6 u 8 horas. La carne deberá sentirse muy suave cuando se pique con un tenedor. Pase la carne a una tabla de picar. Cubra con papel aluminio y deje reposar durante 10 minutos. Mientras tanto, usando una cuchara, retire el exceso de grasa de la superficie de la salsa. Rebane la carne en contra del grano. Usando una cuchara vierta la salsa sobre la carne y sirva.

Harina, ¼ taza (45 g/1½ oz)

Sal y pimienta negra recién molida

Pecho de res, de 1.75 a 2 kg (3½–4 lb), sin demasiada grasa

Aceite de oliva, ¼ taza (60 ml/2 fl oz)

Cebollas amarillas o blancas, 2, finamente rebanadas

Ajo, 2 dientes, finamente picados

Pimienta de cayena, 1 cucharadita

Caldo de res, 1 taza (250 ml/8 fl oz)

Vinagre de vino tinto, ½ taza (125 ml/4 fl oz)

Azúcar, ⅓ taza (90 g/3 oz)

Pasta o puré de tomate, 2 cucharadas

DE 6 A 8 PORCIONES

asado
italiano

Harina, ¼ taza (45 g/1½ oz)

Sal y pimienta recién molida

Carne magra de res sin hueso, 2 kg (4 lb), sin demasiada grasa y atada

Aceite de oliva, ¼ taza (60 ml/2 fl oz)

Ajo, 4 dientes, finamente picados

Vino tinto seco, 1 taza (250 ml/8 fl oz)

Jitomates guaje (roma) enteros, 1 lata (875 g/28 oz), escurridos

Orégano seco, 1 cucharada

Azúcar, 2 cucharaditas

Hojas de laurel, 2

Albahaca fresca, ¼ taza (10 g/⅓ oz), finamente rebanada

DE 6 A 8 PORCIONES

1 Dore la carne del asado

En un plato grande mezcle la harina, una cucharadita de sal y ½ cucharadita de pimienta. Cubra la carne uniformemente con la mezcla de la harina sacudiendo el exceso. Reserve la mezcla de la harina restante. En una sartén grande sobre fuego alto caliente el aceite. Añada la carne y dore bien por todos lados, aproximadamente 12 ó 15 minutos en total. Pase la carne a la olla de cocimiento lento.

2 Desglase la sartén

Reserve una cucharada de la grasa de la sartén y deseche el resto. Vuelva a poner la sartén sobre fuego medio-alto. Añada el ajo y saltee durante unos segundos hasta que aromatice. Espolvoree con la mezcla de harina reservada y cocine, moviendo, cerca de un minuto más. Agregue el vino tinto y desglase la sartén, moviendo para raspar los trocitos dorados de la base de la sartén. Vierta sobre la carne.

3 Cocine la carne

Usando sus manos desbarate los jitomates y colóquelos en la olla de cocimiento lento. Añada el orégano, azúcar y hojas de laurel. Tape y cocine a temperatura alta durante 3 ó 4 horas o a temperatura baja durante 6 u 8 horas. La carne deberá sentirse muy suave al picarla con un tenedor. Retire y deseche las hojas de laurel. Pase la carne a una tabla para picar y retire el cordón. Tape con papel aluminio y deje reposar cerca de 10 minutos. Mientras tanto, usando una cuchara retire el exceso de grasa de la superficie de la salsa. Integre la albahaca. Rebane la carne en contra del grano y acomode las rebanadas en un platón o en platos individuales. Usando una cuchara vierta la salsa sobre la carne y sirva.

sugerencia del chef

Para hacer una guarnición sencilla, cocine pasta orzo o cualquier otra pasta pequeña hasta que esté al dente, siguiendo las instrucciones del paquete, y mezcle con un poco de mantequilla y queso Parmesano fresco rallado.

sugerencia del chef

Para hacer la clásica guarnición para el osobuco conocida como *gremolata*, mezcle una cucharada de perejil liso (italiano) fresco picado con una cucharada de ralladura de limón y un diente de ajo finamente picado. Ponga un poco de la *gremolata* sobre cada porción. El osobuco se sirve tradicionalmente con arroz al azafrán, pero el arroz al vapor o la polenta de cocimiento rápido también son excelentes guarniciones.

osobuco con champiñones y chícharos

1 Dore la carne

En un plato grande mezcle la harina con una cucharadita de sal y ½ cucharadita de pimienta. Cubra la carne uniformemente con la mezcla de la harina sacudiendo el exceso. Reserve la mezcla de la harina restante. En una sartén grande sobre fuego medio-alto caliente el aceite. Añada la carne y cocine, volteando una vez, cerca de 5 minutos de cada lado hasta que estén doradas por ambos lados. Pase la carne a la olla de cocimiento lento y cubra con los hongos.

2 Saltee los chalotes

Vuelva a poner la sartén sobre fuego medio-alto, agregue los chalotes y saltee cerca de 3 minutos hasta que se suavicen y se empiecen a dorar. Espolvoree con la mezcla de la harina reservada y cocine moviendo cerca de un minuto más. Vierta el caldo y desglase la sartén, moviendo para raspar los trocitos dorados de la base de la sartén. Vierta sobre la carne.

3 Cocine la carne

Acomode las ramas de tomillo alrededor de las rebanadas de ternera. Tape y cocine a temperatura alta durante 2 horas o a temperatura baja durante 4½ horas. Cubra con los chícharos y, usando una cuchara, sumérjalos con cuidado en el líquido caliente y continúe cocinando durante 30 minutos más. Retire y deseche las ramas de tomillo. Pase las piezas de ternera a 6 platos individuales con cuidado para que no se separen. Sazone al gusto con sal y pimienta. Usando una cuchara cubra la carne con la salsa, hongos y chícharos y sirva.

Harina, ¼ taza (45 g/1½ oz)

Sal y pimienta recién molida

Chamorros de ternera, 6 osobucos, aproximadamente 1.5 kg (3 lb) en total, cada una cortada en rebanadas de 2.5 cm (1 in) de grueso

Aceite de oliva, ¼ taza (60 ml/2 fl oz)

Hongos cremini o shiitake frescos, 1½ taza (45 g), partidos a la mitad si están grandes

Chalotes, 4 grandes, picados

Caldo de res, 2 tazas (500 ml/16 fl oz)

Tomillo fresco, 2 ramas pequeñas

Chícharos congelados, 2 tazas (250 g/8 oz)

6 PORCIONES

guisado de carne con tocino

Tocino rebanado grueso, 125 g (4 oz), picado

Harina, 3 cucharadas

Sal y pimienta recién molida

Carne magra de res sin hueso, 1.5 kg (3 lb), sin demasiada grasa y cortada en trozos

Hongos cremini o champiñones frescos, 375 g (¾ lb), partidos a la mitad si están grandes

Zanahorias miniatura, 250 g (½ lb)

Cebollas de cambray congeladas, 250 g (½ lb)

Ajo, 3 dientes, finamente picados

Vino tinto seco, 1 taza (250 ml/8 fl oz)

Caldo de res, 1 taza (250 ml/8 fl oz)

Pasta o puré de tomate, 2 cucharadas

Romero fresco, 1 cucharada, finamente picado

6 PORCIONES

1 Cocine el tocino
En una sartén grande sobre fuego medio cocine el tocino entre 5 y 7 minutos, moviendo ocasionalmente, hasta que esté crujiente. Pase el tocino a toallas de papel para escurrir. Reserve aproximadamente una cucharada de grasa del tocino en la sartén y vierta el resto en un tazón refractario pequeño. Reserve la sartén, la grasa y el tocino.

2 Dore la carne
En una bolsa de plástico con cierre hermético mezcle la harina, una cucharadita de sal y ½ cucharadita de pimienta. Agregue los trozos de carne y sacuda para cubrir uniformemente con la mezcla de la harina. Vuelva a poner la sartén sobre fuego medio-alto. Cuando la grasa del tocino esté caliente, agregue la mitad de los trozos de carne y cocine cerca de 5 minutos de cada lado, volteando una sola vez hasta que estén dorados. Pase la carne a la olla de cocimiento lento. Repita la operación con los demás trozos de carne, añadiendo la grasa reservada si fuera necesario. Cubra con los hongos, zanahorias, cebollas y ajo.

3 Cocine el guisado
Vuelva a poner la sartén sobre fuego medio-alto y añada el vino, caldo y la pasta de tomate. Mezcle hasta integrar, hierva y desglase la sartén, moviendo para raspar los trocitos dorados de la base de la sartén. Vierta el contenido de la sartén sobre las verduras y carne. Tape y cocine a temperatura alta durante 4 ó 5 horas o a temperatura baja durante 8 ó 9 horas. La carne deberá estar muy suave. Integre el tocino reservado y el romero. Cocine sin tapar a temperatura alta durante 10 minutos más para espesar la salsa ligeramente. Sazone al gusto con sal y pimienta y sirva.

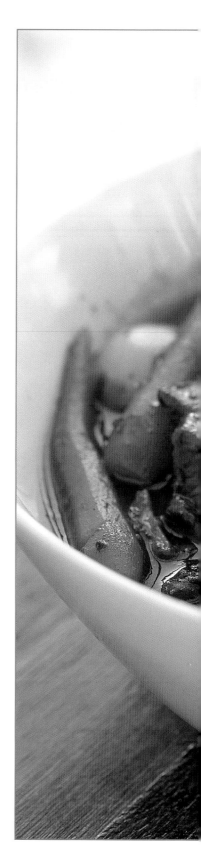

sugerencia del chef

Al usar cebollas de cambray congeladas se ahorra tiempo y trabajo, pero si lo prefiere, puede sustituir por una cebolla amarilla o blanca grande, picada.

costillitas estofadas
con cerveza

1 Dore las costillitas
Precaliente el asador del horno. Sazone generosamente las costillitas por todos lados con sal y pimienta. Trabajando en tandas si fuera necesario, acomode las costillas en una charola para asar y colóquela debajo del asador. Ase las costillas aproximadamente 3 minutos de cada lado, volteando una vez, hasta que estén bien doradas. Pase las costillitas a la olla de cocimiento lento.

2 Cocine las costillitas
Ponga las cebollas y el ajo sobre las costillas. Agregue la calabaza. Vierta los jitomates con su jugo y la cerveza. Tape y cocine a temperatura alta durante 5 ó 6 horas o a temperatura baja durante 7 u 8 horas. La carne se deberá separar de los huesos y la calabaza deberá estar suave.

3 Espese la salsa
Usando una cuchara ranurada pase las costillas y la calabaza a un tazón poco profundo o a un platón y tape holgadamente con papel aluminio para mantenerlas calientes. Usando una cuchara retire el exceso de grasa de la superficie de la salsa. Ponga la olla de cocimiento lento a temperatura alta. En un tazón pequeño bata la harina y ¼ taza (60ml/2 fl oz) de agua. Integre la mezcla de la harina con la salsa, batiendo, y cocine cerca de 15 minutos sin tapar, moviendo ocasionalmente hasta que la salsa esté ligeramente espesa. Sazone al gusto con sal y pimienta. Usando una cuchara cubra las costillas y la calabaza con la salsa y sirva.

Costillitas de res con hueso, de 2 a 2.5 kg (4 a 5 lb), cortadas en piezas de 7.5 cm (3 in)

Sal y pimienta recién molida

Cebolla amarilla o blanca, 2, finamente rebanadas

Ajo, 3 dientes, rebanados

Calabaza butternut, 1, aproximadamente 1 kg (2 lb) de peso total, sin piel y cortada en trozos

Jitomate guaje (roma) en cubos, 1 lata (455 g/14½ oz/), con su jugo

Cerveza ale o cerveza oscura, 1 botella (375 ml/12 fl oz)

Harina, 3 cucharadas

6 PORCIONES

haga más
para almacenar

penne con ratatouille

RATATOUILLE

Aceite de oliva, ¼ taza (60 ml/2 fl oz)

Cebolla amarilla o blanca, 4, picadas

Ajo, 4 dientes, picados

Jitomates guaje (roma), 10, partidos a la mitad, sin semillas y cortados en trozos

Calabacitas (courgettes), 6 medianas, cortadas en trozos

Berenjenas (aubergines), 2 medianas, limpias y cortadas en trozos

Pimientos (capsicum) rojos, 3 grandes, sin semillas y cortados en trozos

Caldo de verduras, ½ taza (120 ml/4 fl oz)

Tomillo fresco y orégano fresco, 1 cucharadita de *cada uno*, picados finamente

Sal y pimienta molida

Penne, 500 g (1 lb)

4 PORCIONES

Rinde aproximadamente 12 tazas (2.25 kg/4½ lb) de ratatouille en total

Los sabores de este guisado provenzal rústico se mezclan perfectamente en el suave calor de la olla de cocimiento lento. Esta receta rinde lo suficiente para hacer esta receta y tener sobrantes para los platillos de las siguientes páginas.

1 Haga la ratatouille
En una sartén grande sobre fuego medio caliente el aceite. Agregue las cebollas y el ajo y saltee cerca de 10 minutos, hasta suavizar pero no dorar. Pase a la olla de cocimiento lento. Agregue los jitomates, calabacitas, berenjenas, pimientos, caldo, tomillo, orégano y 2 cucharaditas de sal y de pimienta a la olla de cocimiento lento. Mezcle. Tape y cocine a temperatura alta durante 4 horas o a temperatura baja durante 8 horas. Reserve 2 tazas (500 g/1 lb) del ratatouille y almacene el sobrante para usarlo después. (Vea Consejo de Almacenamiento a la derecha).

2 Cocine la pasta
Ponga a hervir una olla grande con agua. Agregue 2 cucharadas de sal y la pasta. Cocine moviendo ocasionalmente para evitar que se pegue, hasta que esté al dente, siguiendo las instrucciones del paquete. Escurra la pasta, vuelva a colocar en la olla y revuelva con las 2 tazas de ratatouille. Sazone al gusto con sal y pimienta y sirva.

consejo de almacenamiento

Deje enfriar la ratatouille sobrante a temperatura ambiente. Almacene en el refrigerador en recipientes de cierre hermético o en bolsas de plástico grueso con cierre hermético durante 2 días o en el congelador hasta por 2 meses.

sugerencia del chef

La ratatouille también es
deliciosa servida con chuletas de
cordero asadas o a la parrilla
previamente untadas con ajo y
aceite de oliva y espolvoreadas
con sal y pimienta.

salchichas con ratatouille

1 Cocine las salchichas

Haga varias ranuras diagonales a cada lado de las salchichas. En una sartén sobre fuego medio caliente el aceite. Añada las salchichas y cocine de 8 a 12 minutos, volteando una sola vez, hasta dorar por ambos lados.

2 Caliente la ratatouille

Mientras se cocinan las salchichas, ponga la ratatouille en una olla sobre fuego medio y caliente de 8 a 10 minutos, moviendo ocasionalmente para evitar que se queme, hasta que esté caliente. Divida la ratatouille y las salchichas entre 4 platos individuales y sirva.

Ratatouille (página 66), 4 tazas (1 kg/2 lb)

Salchichas ahumadas como las kielbasa, 4 grandes u 8 pequeñas

Aceite de oliva, 1 cucharada

4 PORCIONES

halibut picante
con ratatouille

Ratatouille (página 66),
4 tazas (1 kg/2 lb)

Filetes de halibut, 4, cada
uno de aproximadamente
185 g (6 oz)

Páprika picante,
¾ cucharadita

**Sal y pimienta negra
recién molida**

Aceite de oliva, ¼ taza
(60 ml/2 fl oz)

4 PORCIONES

1 Saltee el pescado
Sazone los filetes de halibut por ambos lados con
páprika, sal y pimienta. En una sartén grande sobre fuego
medio-alto caliente el aceite. Añada los filetes y cocine cerca
de 4 minutos por cada lado, volteando una sola vez, hasta que
estén dorados.

2 Agregue la ratatouille
Usando una cuchara coloque la ratatouille alrededor
de los filetes de pescado en la sartén. Tape, reduzca el fuego
a medio y cocine cerca de 4 minutos más, moviendo la
ratatouille una o dos veces para evitar que se queme y para
calentarla uniformemente, hasta que esté caliente y los filetes
de pescado estén totalmente opacos. Divida el pescado y la
ratatouille entre los 4 platos y sirva.

sugerencia del chef

Puede sustituir el halibut por cualquier otro pescado de sabor suave y carne blanca firme como el bacalao, tilapia, o robalo.

atún a las brasas con frijoles blancos

FRIJOLES BLANCOS

Frijoles blancos pequeños secos, como los cannellini o navy,
1 kg (2 lb), escogidos y limpios

Aceite de oliva,
2 cucharadas

Cebolla amarilla o blanca,
1, picada

Ajo, 4 dientes

Sal y pimienta recién molida

Filetes de atún, 4, cada uno de 125 g (4 oz) y 2 cm (3/4-in) de grueso

Aceite de oliva,
3 cucharadas

Perejil liso (italiano) fresco, 2 cucharadas, picado

4 PORCIONES

Rinde aproximadamente 10 tazas (2 kg/4 lb) de frijoles en total

Una olla de cocimiento lento es ideal para cocinar frijoles ya que requieren de muchas horas de ebullición lenta. Esta receta rinde lo suficiente para esta receta y deja sobrantes para dos de las recetas que presentamos en las siguientes páginas.

1 Cueza los frijoles parcialmente

Ponga los frijoles en una olla grande y añada agua fría a cubrir. Hierva cerca de 15 minutos sobre fuego alto. Escurra los frijoles y páselos a la olla de cocimiento lento.

2 Cocine los frijoles

Mientras tanto, en una sartén sobre fuego medio-alto caliente las 2 cucharadas de aceite. Agregue la cebolla y el ajo y saltee cerca de 4 minutos hasta que la cebolla esté traslúcida. Añada la cebolla, ajo y 1½ cucharada de sal a la olla de cocimiento lento y mezcle con los frijoles. Agregue agua fría para cubrir los frijoles y que sobrepase cerca de 5 cm (2 in). Tape y cocine a temperatura alta durante 4 horas o a temperatura baja durante 8 horas, hasta que los frijoles estén suaves. Sazone al gusto con sal y pimienta.

3 Selle el atún

Sazone los filetes de atún con sal y pimienta por ambos lados. En una sartén sobre fuego medio-alto caliente las 3 cucharadas de aceite. Añada los filetes de atún y selle cerca de 2 minutos por cada lado, hasta que estén crujientes y dorados por fuera si los desea término rojo. Pase 2 tazas (440 g/14 oz) de los frijoles a un tazón grande y mezcle con el perejil. Almacene los frijoles sobrantes para usar otro día (vea Consejo de Almacenamiento a la derecha). Divida los frijoles entre 4 platos, cubra con los filetes de atún y sirva.

consejo de almacenamiento

Deje enfriar los frijoles sobrantes a temperatura ambiente. Almacene en recipientes de cierre hermético o bolsas de plástico grueso con cierre hermético en el refrigerador durante 3 días o en el congelador hasta por un mes.

sugerencia del chef

Si desea una variación cremosa
de esta sopa, ponga los frijoles
más 4 tazas (1 l/32 fl oz) de
caldo de pollo, 1 taza (250 ml/8
fl oz) de crema espesa y el
tomillo en el procesador de
alimentos o licuadora hasta que
quede un puré suave. Vierta en la
olla y caliente cuidadosamente
sobre fuego medio hasta que
empiece a hervir. No lo deje
hervir. Sazone al gusto con sal
y pimienta.

sopa de frijoles blancos

1 Haga la sopa

Ponga 2 tazas (440 g/14 oz) de los frijoles en un procesador de alimentos o en una licuadora y muela hasta obtener un puré terso. En una olla sobre fuego medio mezcle el puré de frijoles, las 2 tazas restantes de frijoles enteros, el tomillo y el caldo. Deje hervir y baje el fuego a medio. Cocine cerca de 10 minutos, moviendo ocasionalmente, hasta que los sabores se hayan mezclado. Sazone al gusto con sal y pimienta. Usando un cucharón sirva la sopa en tazones individuales, rocíe cada porción con aceite de oliva y sirva.

Frijoles blancos (página 72),
4 tazas (875 g/1 ¾ lb)

Tomillo fresco,
1 cucharadita, finamente picado

Caldo de pollo, 6 tazas
(1.5 l/48 fl oz)

Sal y pimienta recién molida

Aceite de oliva, para rociar

4 PORCIONES

cassoulet
rápida

**Frijoles blancos
(página 72),**
4 tazas (875 g/1¾ lb)

Salchichas de puerco,
750 g (1½ lb)

Aceite de oliva,
2 cucharadas

Tocino cortado grueso,
5 rebanadas, picadas

Tomillo fresco,
1 rama pequeña

**Jitomates guaje (roma)
en cubos,**
1 lata (455 g/14½ oz)

Azúcar, 1½ cucharadita

**Sal y pimienta recién
molida**

Pan fresco molido,
1 taza (60 g/2 oz)

Mantequilla sin sal,
4 cucharadas (60 g/2 oz),
derretida

DE 4 A 6 PORCIONES

1 Cocine las salchichas
Haga varias ranuras diagonales en las salchichas. En una sartén para freír sobre fuego medio caliente una cucharada del aceite. Añada las salchichas y cocine cerca de 10 minutos en total, volteando una sola vez, hasta dorar por fuera y cocinar totalmente. Reserve.

2 Prepare los frijoles
En otra sartén grande sobre fuego medio caliente la cucharada restante del aceite. Agregue el tocino y saltee de 5 a 7 minutos, hasta que empiece a dorar. Reserve 2 cucharadas de la grasa del tocino y deseche el resto. Integre los frijoles, tomillo, jitomates y azúcar. Hierva a fuego lento y cocine moviendo frecuentemente durante 5 minutos, hasta que los frijoles se calienten. Sazone al gusto con sal y pimienta.

3 Hornee la cassoulet
Corte las salchichas transversalmente en piezas del tamaño de un bocado. Engrase con mantequilla un refractario o un plato para gratinar con capacidad de 3 l (3 qt) y acomode las salchichas uniformemente en el fondo. Usando una cuchara cubra las salchichas con la mezcla de frijoles, retirando la rama de tomillo. Extienda las migas de pan molido uniformemente en la superficie y rocíe con la mantequilla derretida. Hornee cerca de 20 minutos hasta que los frijoles burbujeen y el pan molido se dore. Pase a una rejilla para dejar enfriar ligeramente y sirva.

sugerencia del chef

Puede sustituir las salchichas
por otro tipo de carne o pollo en
piezas del tamaño de un bocado,
ya sean sobrantes o recién
cocidas, como pollo rostizado,
carne de res o cordero o filete
asado. Caliente las piezas en
la sartén con los frijoles en el
paso 2.

sugerencia del chef

Para obtener un mejor sabor,
mezcle 2 dientes de ajo
finamente picados y 2 cucharadas
de aceite de oliva con una
cucharadita de sal y otra de
pimienta. Frote la mezcla sobre
toda la carne. Coloque la carne
en un recipiente hermético y
refrigere durante 2 horas o por
toda la noche. Deje reposar a
temperatura ambiente antes
de asarla.

falda asada con frijoles blancos

1 Cocine la carne

Prepare un asador de gas o de carbón para asar directamente sobre fuego alto y engrase la parrilla del asador. O precaliente el asador del horno. Sazone con sal y pimienta por ambos lados. Coloque sobre la parrilla o póngalo en un refractario y colóquelo debajo del asador del horno. Cocine de 5 a 7 minutos de cada lado, volteando una sola vez, para término medio-rojo o hasta el término deseado.

2 Caliente los frijoles

Mientras cocina la carne, caliente los frijoles en una olla sobre fuego medio cerca de 2 minutos, moviendo frecuentemente, hasta que estén completamente calientes.

3 Termine el plato

Cuando el filete esté listo, pase a una tabla para picar, tape ligeramente con papel aluminio y deje reposar durante 5 minutos. Usando una cuchara ponga una cuarta parte de los frijoles calientes en cada plato y espolvoree con el cebollín. Rebane la carne en contra del grano. Acomode algunas de las rebanadas sobre cada porción de frijoles, cubra con arúgula y rocíe con aceite de oliva. Usando un pelador de verduras, rebane láminas delgadas de queso parmesano sobre cada porción. Adorne con rebanadas de limón y sirva.

Frijoles blancos (página 72), 4 tazas (875 g/1¾ lb)

Falda, 1 kg (2 lb), sin demasiada grasa

Sal y pimienta recién molida

Cebollín o perejil fresco, ⅓ taza (15 g/½ oz), finamente picado

Arúgula miniatura, 2 tazas (60 g/2 oz)

Aceite de oliva, para rociar

Queso parmesano, 125 g (¼ lb)

Limón, 1, cortado en gajos

4 PORCIONES

fettuccine
a la boloñesa

SALSA BOLOÑESA

Aceite de oliva,
2 cucharadas

Tocino o pancetta,
60 g (2 oz), picado

Cebolla amarilla o blanca,
2 pequeñas, finamente
picadas

Zanahorias, 2, finamente
picadas

Apio, 1 rama pequeña,
finamente picada

Carne de res molida,
1.5 kg (3 lb)

Caldo de res, 2 tazas
(500 ml/16 fl oz)

Vino tinto seco, 1½ taza
(375 ml/12 fl oz)

**Jitomates guaje
(roma) machacados,** 1 lata
(875 g/28 oz)

Leche, ½ taza
(125 ml/4 fl oz)

**Sal y pimienta recién
molida**

Fetuccini, 500 g (1 lb)

Queso parmesano, ½ taza
(60 g/2 oz), recién rallado
4 PORCIONES

Rinde aproximadamente
12 tazas (3 l/3 qt) de salsa
en total

Una salsa ragú espesa adquiere sabor al pasar horas hirviendo lentamente en una olla de cocimiento lento. Esta receta rinde una buena cantidad por lo que puede comerla hoy y congelar el sobrante para hacer otros tres platillos.

1 Saltee los ingredientes
En una sartén grande sobre fuego medio-alto caliente el aceite. Agregue el tocino y saltee cerca de un minuto hasta que empiece a soltar la grasa. Añada las cebollas, zanahorias y apio y saltee cerca de 5 minutos hasta que las cebollas estén traslúcidas. Agregue la carne y cocine cerca de 7 minutos, separando la carne con una cuchara de madera hasta que ya no esté roja. Pase a la olla de cocimiento lento. Añada el caldo y el vino a la sartén y suba el fuego a alto. Hierva y desglase la sartén moviendo para raspar los trocitos dorados de la base de la sartén. Vierta el líquido en la olla de cocimiento lento junto con los jitomates y mezcle.

2 Cocine la salsa
Tape y cocine la salsa a temperatura alta durante 4 horas o a temperatura baja durante 8 horas. Añada la leche, moviendo para mezclar. Tape y continúe cocinando durante 20 minutos más. Sazone al gusto con sal y pimienta.

3 Cocine la pasta
Hierva una olla grande con agua. Agregue 2 cucharadas de sal y la pasta. Cocine moviendo ocasionalmente para evitar que se pegue, siguiendo las instrucciones del paquete, hasta que esté al dente. Escurra, vuelva a poner la pasta en la olla e integre cuidadosamente con 2 tazas (500 ml/16 fl oz) de la salsa. Sirva y acompañe a la mesa con el queso parmesano.

consejo de almacenamiento

Deje que la salsa Boloñesa sobrante se enfríe hasta llegar a temperatura ambiente. Almacene en recipientes de cierre hermético durante 3 días en el refrigerador o hasta por 3 meses en el congelador.

sugerencia del chef

Si usa polenta instantánea o
normal en lugar de la preparada
en tubo, cocine la polenta de
acuerdo a las instrucciones del
paquete. Extienda sobre una
charola para hornear con borde
y deje enfriar. Use un molde para
galletas o un vaso invertido para
cortar los círculos antes de
continuar con la receta.

polenta gratinada con boloñesa

1 Prepare el gratín

Precaliente el horno a 200°C (400°F). Engrase con mantequilla un platón para gratinar o un refractario de 25 cm x 30 cm (10 in x 12 in). Retire la polenta de su tubo de plástico y corte el cilindro transversalmente en rebanadas de 6 mm (¼ in) de grueso. Acomode las rebanadas en el platón preparado, sobreponiéndolas. Usando una cuchara ponga la salsa alrededor de la polenta y espolvoree el queso parmesano sobre la salsa.

2 Hornee el gratín

Hornee cerca de 20 minutos hasta que la salsa esté caliente y burbujee. Sirva adornada con el perejil

Salsa Boloñesa (página 80), 4 tazas (1 l/32 fl oz)

Mantequilla sin sal, para engrasar

Polenta preparada en tubo, 750 g (1½ lb)

Queso parmesano, ½ taza (60 g/2 oz)

Perejil liso (italiano) fresco o albahaca, 3 cucharadas, finamente picado

4 PORCIONES

lasagna de berenjena asada

Salsa Boloñesa (página 80), 3 tazas (750 ml/24 fl oz)

Berenjenas (aubergines), 2, aproximadamente 750 g (1½ lb) en total, cortada transversalmente en rebanadas de 12 mm (½ in) de grueso

Aceite de oliva, para barnizar

Sal y pimienta recién molida

Queso mozarella fresco, 500 g (1 lb), en rebanadas

Queso parmesano, ½ taza (60 g/2 oz), recién rallado

Albahaca fresca, ¼ taza (30 g/1 oz)

DE 4 A 6 PORCIONES

1 Ase las berenjenas
Precaliente el horno a 230ºC (450ºF). Barnice las rebanadas de berenjena con aceite de oliva, sazone con sal y pimienta y acomode en 2 charolas para hornear. Ase cerca de 20 minutos en total, volteando una sola vez, hasta que las rebanadas estén doradas.

2 Ponga las berenjenas en capas
Mientras tanto, caliente la salsa boloñesa en una olla sobre fuego medio. Reduzca la temperatura del horno a 190ºC (375ºF). Extienda una cucharada grande de salsa en la base de un refractario de 25 cm x 30 cm (10 x 12 in). Acomode una tercera parte de las rebanadas de berenjena en el fondo del refractario, sobreponiéndolas ligeramente. Cubra con una taza (250 ml/8 fl oz) de la salsa y una tercera parte de las rebanadas de mozarella. Repita la operación para hacer 2 capas más. Espolvoree con queso parmesano.

3 Hornee las berenjenas
Hornee la lasaña de berenjena cerca de 20 minutos hasta que esté caliente y el queso se haya derretido. Retire del horno y deje reposar durante 10 minutos. Sirva adornando con la albahaca.

sugerencia del chef

Si únicamente encuentra
berenjenas grandes, espolvoree
las rebanadas con sal gruesa por
ambos lados y coloque en un
colador puesto sobre un plato.
Deje escurrir cerca de 30 minutos
antes de asarlas. La berenjena se
puede asar en el horno o en el
asador con un día de anticipación
y refrigerarse hasta el momento
de usarse.

sugerencia del chef

Para rellenar los canelones fácilmente ponga el relleno adentro de una bolsa grande de plástico grueso con cierre hermético. Empuje el relleno hacia una esquina de la bolsa, tratando de sacar el aire al mismo tiempo. De varias vueltas a la bolsa en donde se termina el relleno. Corte la esquina de la bolsa con una tijera y presione sobre el relleno para que pase a través del agujero directamente a los canelones.

canelones rellenos con salsa boloñesa

1 Cocine la pasta

Hierva una olla grande con agua. Añada 2 cucharadas de sal y la pasta. Cocine cerca de 2 minutos menos que las instrucciones del paquete, moviendo ocasionalmente para evitar que se pegue, hasta que esté casi al dente. Escurra la pasta, enjuague bajo el chorro del agua fría para evitar que se pegue y reserve.

2 Prepare el relleno

Coloque la espinaca y ½ taza de agua (125 ml/4 fl oz) en una sartén grande sobre fuego medio. Cocine cerca de 2 minutos, moviendo frecuentemente, hasta que se marchite. Escurra presionando sobre las espinacas con el revés de una cuchara para retirar la mayor cantidad de agua. En un tazón grande mezcle la espinaca, ricotta, yemas de huevo, nuez moscada, ½ cucharadita de sal, ¼ cucharadita de pimienta y la mitad del queso parmesano. Mezcle bien con una cuchara de madera.

3 Rellene y hornee los canelones

Precaliente el horno a 190°C (375°F). Extienda una cucharada grande de la salsa en la base de un refractario de 25 cm x 30 cm (10 x 12 in). Usando una cucharita rellene los canelones con el relleno de la espinaca. Ponga la pasta rellena en el refractario y cubra con la salsa. Espolvoree con el queso parmesano restante y tape con papel aluminio. Hornee durante 15 minutos. Retire el papel aluminio y hornee cerca de 10 minutos más hasta que burbujee y tome un bonito color. Retire los canelones del horno y deje enfriar de 10 a 15 minutos antes de servir.

Salsa boloñesa (página 80), 4 tazas (1 l/32 fl oz)

Sal y pimienta recién molida

Pasta de canelones, 250 g (½ lb)

Espinacas miniatura, 750 g (1½ lb), picadas grueso

Queso ricotta fresco, 3 tazas (750 g/ 1½ lb)

Yemas de huevo, 2, ligeramente batidas

Nuez moscada molida, ¼ cucharadita

Queso parmesano, 1 taza (125 g/4 oz), recién rallado

DE 4 A 6 PORCIONES

pechuga de pavo en mole

Aceite de oliva,
3 cucharadas

Cebolla amarilla o blanca,
2, picadas

Almendras fileteadas,
½ taza (75 g/2½ oz)

Chile chipotle molido,
1 cucharada

Comino molido,
1 cucharadita

Canela molida,
½ cucharadita

Jitomates en cubos, 1 lata
(455 g/14½ oz), escurridos

Chocolate semi amargo,
¼ taza (45 g/1½ oz), picado

Orégano seco, 1 cucharadita

**Sal y pimienta recién
molida**

Caldo de pollo, 2 tazas
(500 ml/16 fl oz)

**Mitades de pechugas
de pavo con hueso,**
2, aproximadamente 2 kg
(4 lb) en total, sin piel

4 PORCIONES

Rinde cerca de 12 tazas
(3 kg/6 lb) de pavo en mole
en total

Esta versión moderna del mole mexicano adquiere sabor por las horas que pasa en la olla de cocimiento lento. Sírvala hoy con arroz para la comida y guarde los sobrantes para hacer las recetas de las siguientes páginas.

1 Empiece la salsa
En una sartén grande sobre fuego alto caliente el aceite. Añada las cebollas y las almendras y saltee 8 ó 10 minutos, hasta que estén doradas. Integre el chile en polvo, comino y canela; saltee cerca de 30 segundos más, hasta que aromatice. Agregue los jitomates, chocolate, orégano, 2 cucharaditas de sal, una cucharadita de pimienta y una taza (250 ml/8 fl oz) del cado. Mezcle cerca de un minuto hasta que el chocolate se derrita.

2 Cocine la salsa y el pavo
En un procesador de alimentos o una licuadora procese la mezcla del mole, en tandas si fuera necesario, hasta obtener un puré terso. Vuelva a poner el puré en la sartén sobre fuego medio-alto. Añada la taza de caldo restante y hierva. Ponga las mitades de pechuga de pavo en la olla de cocimiento lento y cubra con la salsa. Tape y cocine a temperatura alta durante 4 horas o a temperatura baja durante 8 horas.

3 Finalice el plato
Pase las mitades de pechuga a una tabla de picar. Usando un cuchillo filoso corte una pechuga en rebanadas. Acomode las rebanadas sobre un platón. Usando una cuchara cubra con el mole y sirva. Deje enfriar la otra pechuga de pavo y luego almacene para usar posteriormente.
(vea Consejo de Almacenamiento, a la derecha)

consejo de almacenamiento

Deje enfriar el mole a temperatura ambiente. Usando sus dedos o un par de tenedores deshebre la carne y use en las recetas que mostramos más adelante. Mezcle el pavo deshebrado con el mole restante y pase a recipientes de cierre hermético y guarde en el refrigerador hasta por 2 días o en el congelador hasta por un mes.

sugerencia del chef

Si desea una variación sencilla, haga tacos calentando tortillas de harina como se describe en la receta y recalentando la mezcla de mole por separado en una olla sobre fuego medio. Usando una cuchara ponga el mole con pavo caliente dentro de cada tortilla y acompañe a la mesa con el queso, crema agria y rebanadas de aguacate.

enchiladas
de mole

1 Suavice las tortillas

Precaliente el horno a 190°C (375°F). Caliente una sartén gruesa sobre fuego medio. Suavice las tortillas poniendo una por una en la sartén aproximadamente 15 segundos por cada lado, teniendo cuidado de no quemarlas.

2 Prepare las enchiladas

Engrase con aceite ligeramente un refractario lo suficientemente grande para dar cabida a 8 enchiladas. Reserve cerca de ¼ taza (60 ml/2 fl oz) del mole (sin pavo) y suficiente queso para cubrir las enchiladas. Extienda ½ taza (125 ml/4 fl oz) del mole con pavo en el centro de la tortilla, agregue 3 cucharadas de queso, envuelva la tortilla y colóquela en el refractario, poniendo la abertura hacia abajo. Repita la operación hasta que haya hecho las 8 enchiladas. Rocíe el mole reservado sobre las enchiladas y espolvoree con el queso restante.

3 Hornee las enchiladas

Hornee las enchiladas cerca de 20 minutos, hasta que el relleno burbujee y el queso se haya derretido y dorado. Pase cuidadosamente 2 enchiladas a cada plato, adorne con la crema agria y las rebanadas de aguacate; sirva.

Pechuga de Pavo en Mole (página 88), 4 tazas (1 kg/2 lb) de carne deshebrada

Tortillas de maíz, 8

Aceite de canola, para engrasar

Queso monterrey jack o Chihuahua, ½ taza (250 g/8 oz), rallado

Crema agria, 6 cucharadas (90 g/3 oz)

Aguacate, 1, partido a la mitad, sin hueso, sin piel y en rebanadas

4 PORCIONES

huevos rancheros con mole

Pechuga de Pavo en Mole (página 88), 4 tazas (1 kg/2 lb) con la carne deshebrada

Mantequilla sin sal, 6 cucharadas (90 g/3 oz)

Tortillas de maíz, 8

Huevos, 8

Sal y pimienta recién molida

Salsa de jitomate, 1 taza (250 g/8 oz), más la necesaria para acompañar

Queso fresco o Monterrey jack o Chihuahua, 185 g (6 oz), rallado

Crema agria, 6 cucharadas (90 g/3 oz)

Aguacate, 1, partido a la mitad, sin hueso, sin piel y rebanado

4 PORCIONES

1 Prepare los ingredientes

Precaliente el asador del horno. En una olla sobre fuego medio caliente el pavo con la salsa de mole de 5 a 7 minutos, moviendo ocasionalmente, hasta que esté caliente. Mientras tanto, en una sartén grande sobre fuego medio-bajo derrita la mantequilla. Retire la sartén del fuego. Usando una brocha para barnizar, barnice ligeramente cada tortilla por ambos lados con un poco de la mantequilla derretida y colóquelas en una sola capa sobre una charola para hornear con borde. Meta las tortillas al horno a 7.5 cm (3 in) debajo del asador y ase de 2 a 3 minutos de cada lado, volteando una sola vez, hasta que estén doradas y crujientes por ambos lados. Vigile de cerca ya que se pueden quemar fácilmente. Ponga 2 tortillas en cada plato.

2 Cocine los huevos

Vuelva a colocar la sartén con la mantequilla sobre fuego medio. Cuando la mantequilla esté caliente rompa con cuidado cada huevo en la sartén y espolvoree con sal y pimienta. Cocine hasta que las claras estén opacas y las yemas tengan la cocción deseada, cerca de 5 minutos para yemas cocidas pero aún tiernas. Mientras se cocinan los huevos, use una cuchara para poner la mantequilla de la sartén sobre ellos.

3 Finalice el plato

Usando una cuchara ponga el mole con pavo caliente sobre las tortillas en cada plato. Coloque 2 huevos fritos en cada plato y adorne cada uno con la salsa, queso, crema agria y aguacate. Sirva y ponga más salsa en la mesa.

sugerencia del chef

Si lo prefiere puede hacer los huevos revueltos. Rompa los huevos en un tazón, bata con un tenedor hasta que estén espumosos y sazone ligeramente con sal y pimienta. Cocine los huevos en la mantequilla, moviendo frecuentemente, hasta que cuajen.

el cocinero inteligente

El cocinar inteligentemente es tener ideas sencillas que no sacrifiquen la calidad de los alimentos y que reduzcan el tiempo que se tiene para trabajar. El hacer toda una comida en un solo y delicioso plato preparado en la mañana y cocinado durante el día, es una de las estrategias más inteligentes para minimizar el tiempo en la cocina. Estas recetas son el punto de partida para poder llevar la comida a la mesa, especialmente durante la semana cuando tenemos poco tiempo.

Mantenga su despensa bien surtida y tendrá la base para todas las comidas de la semana. Planee sus menús y hará menos viajes a la tienda. Cocine una buena cantidad de salsa Boloñesa o Ratatouille y úselas en otras recetas de la semana o en el futuro. En las siguientes páginas encontrará consejos de cómo organizar su tiempo y surtir su cocina, que son las claves para convertirse en un cocinero inteligente.

cocimiento lento

La olla de cocimiento lento fue introducida al mercado en 1971 por la Rival Company la cual originalmente estaba diseñada como una olla eléctrica para cocinar frijoles. Pero pronto se vio que era una manera eficiente para cocinar platillos como estofados y guisados que requieren calor húmedo a diferencia de los platillos asados y horneados que requieren del calor seco del horno. Además, una vez que la olla de cocimiento lento se encendía, el cocinero estaba libre hasta la hora de la comida.

El electrodoméstico apodado "Crock-Pot" se lanzó al mercado inicialmente para ayudar a las mujeres que trabajaban y que no tenían tiempo para cocinar pero querían tener una comida hecha en casa para servir en la mesa familiar. Sin embargo, no pasó mucho tiempo antes de que su popularidad la transformara en una pieza de equipo esencial en todas las cocinas. El color original del aparato que era beige y verde aguacate capturó de tal forma la expresión de esa época que eventualmente empezó a verse anticuado. Además, el concepto de enchufar un aparato que cocinara un guisado mientras se iba a hacer encargos o a trabajar, causó un sentimiento de nostalgia. Sin embargo, por su comodidad, economía y sentido práctico, la olla de cocimiento lento nunca desapareció y eventualmente con la llegada de los modelos modernos y el resurgimiento de los platillos reconfortantes, como los estofados y guisados lentos, puso a este electrodoméstico de vuelta en la cocina de los cocineros modernos.

Hoy en día varias compañías fabrican las ollas de cocimiento lento pero todas tienen componentes similares: una cubierta de metal adaptada con un elemento eléctrico de calentamiento y su interior de cerámica vidriada fácil de retirar y limpiar (en los modelos antiguos, la parte interior no se podía retirar lo cual creaba una dificultad). Actualmente las atractivas vasijas vienen en varios tamaños incluyendo las pequeñas (de 1.5 a 2.5 l/1½–2½ qt/), medianas (de 3 a 4.5 l/3-4 /4½ qt), y grandes (de 5 a 7 l/5-7 qt), así como dos presentaciones, la redonda original y la de forma oval recién introducida. La olla oval de cocimiento lento está diseñada especialmente para dar cabida a grandes cortes de carne como un pollo entero o un pecho de res. Todas las recetas de este libro se hicieron en una olla oval de cocimiento lento con capacidad de 7 l (7 qt).

Las ollas de cocimiento lento contemporáneas ofrecen nuevas características que brindan mayor comodidad. Por ejemplo, algunos modelos programables continuamente muestran el tiempo de cocimiento que falta para que se pueda planear la hora de la comida y automáticamente se cambia a temperatura media una vez que el tiempo de cocimiento ha terminado.

LAS RECETAS EN ESTE LIBRO

Todas las recetas de este libro se probaron en una olla oval de cocimiento lento con capacidad de 7 litros (7 quart). Si tiene una olla de cocimiento lento de 3.5 litros (3½ quart), haga las recetas a la mitad.

Muchas recetas piden que se dore la carne antes de colocarla en la olla. Aunque éste es un paso adicional, le imparte un profundo sabor y un bello color al platillo. Usted puede saltarse este paso si no tiene tiempo, pero los resultados serán inferiores.

Cada receta de este libro ofrece dos opciones de tiempo de cocimiento. Usted debe elegir si prefiere usar temperatura alta o baja. Si planea encender la olla de cocimiento lento e irse durante todo el día, se recomienda usar la temperatura baja. Generalmente la temperatura baja, que produce un hervor lento, da como resultado una carne más suave y un sabor más concentrado.

Para obtener los mejores resultados no llene la olla de cocimiento lento más de la mitad o dos terceras partes.

No deje los sobrantes de comida dentro de la olla por más de 2 horas después de haberla cocinado. Pásela a un recipiente de cierre hermético y almacénela en el refrigerador o en el congelador (página 106).

Una vez que haya elegido la receta o recetas de la olla de cocimiento lento para toda la semana, piense en la forma de organizar su tiempo. Entre más pueda hacer por adelantado podrá preparar los platillos más rápida y fácilmente a la hora de la comida.

surta Mantenga la despensa bien surtida y revise regularmente lo que tiene y reponga conforme sea necesario para que los ingredientes básicos no perecederos estén siempre a la mano cuando usted quiera hacer sus platillos favoritos en la olla de cocimiento lento.

vaya menos de compras Si ha hecho su plan de comidas semanales, quizás tenga que ir de compras sólo dos o tres veces a la semana para comprar ingredientes frescos como frutas y verduras o carne.

hágalo por adelantado Haga todo lo que pueda por adelantado. En la mayoría de las recetas los ingredientes se pueden preparar desde la noche anterior y mezclarse al día siguiente. Esto significa que puede dorar la carne con anticipación o tener listos los ingredientes que va a necesitar desde la noche anterior para que la preparación en la mañana sea rápida. Mantenga la carne y las verduras picadas en recipientes separados si los va a almacenar durante la noche.

cocine inteligentemente Antes de empezar dedique algunos minutos a releer la receta, reunir su equipo y preparar los ingredientes. Si le es posible, encargue a los miembros de la familia que le ayuden a reunir los ingredientes y a limpiar.

aproveche Cuando esté planeando los menús semanales, vea oportunidades para aprovechar los sobrantes de comida del día anterior, como el mole de pavo, para otras recetas como tacos, enchiladas o huevos rancheros.

use la olla de cocimiento lento con éxito

Las dos claves para cocinar sin riesgo en la olla de cocimiento lento son: mantener una temperatura constante y seguir los tiempos de cocción recomendados.

Siempre descongele los alimentos congelados antes de añadirlos a la olla de cocimiento lento a menos que la receta especifique lo contrario para evitar que la temperatura interior de la vasija cambie. Los alimentos congelados pueden disminuir la temperatura de cocción a un nivel que permita el riesgo del crecimiento de bacterias.

Si se cocinan grandes trozos de carne en la olla de cocimiento lento del tamaño equivocado también puede causar el crecimiento de bacterias. Siempre use el tamaño recomendado en la receta que va a preparar para asegurarse que la carne se cocine completamente.

Algunas veces es necesario levantar la tapa de la olla de cocimiento lento, como cuando tiene que agregar ingredientes a la mitad del cocimiento o cuando quiere revisar la cocción. Sin embargo, trate de evitar hacerlo muy seguido ya que permite que el vapor se escape disminuyendo así la temperatura de cocción dentro de la olla.

Si regresa a casa mientras la olla está funcionando y descubre que se fue la luz en su ausencia, deseche el contenido de la olla de cocimiento lento aún cuando parezca que está cocido. No hay manera de saber si los alimentos se han cocido sin riesgo y están completamente cocidos.

Cuando llene la olla, ponga los ingredientes sólidos primero y los que toman más tiempo para cocinar en el fondo, como son la carne o las papas. Coloque la olla en la base y añada el líquido para evitar que se derrame.

La tapa de la olla de cocimiento puede calentarse mucho durante la cocción, por lo que siempre debe tomarla con cuidado usando guantes de horno y abrirla hacia el otro lado y no hacia donde usted está, para evitar quemarse con el vapor caliente.

Nunca exponga la vasija interior de cerámica de su olla a cambios extremos de temperatura. Por ejemplo, no la ponga en el congelador o sobre el fuego directo de la estufa. Nunca refrigere los sobrantes de comida en la vasija; almacene en un recipiente.

La superficie vidriada de la olla se limpia fácilmente. Use agua y jabón y evite el uso de abrasivos. Nunca use agua fría si la olla está aún caliente.

manos a la obra

Con un poco de planeación y una cocina bien organizada, usted puede convertirse en un cocinero inteligente que con frecuencia pueda preparar deliciosos platillos en la olla de cocimiento lento con facilidad. Tres sencillas estrategias lo harán posible: escribir un plan semanal de comidas, encontrar el tiempo para cocinar dentro de su complicada agenda y tener su despensa y refrigerador surtidos con los ingredientes básicos (páginas 104 a 107).

planee una comida de cocimiento lento

Adquiera el hábito de planear sus menús semanales, por lo que ya no tendrá que preocuparse a diario acerca de lo que cocinará ese día y podrá hacer algo con anticipación ahorrando tiempo cuando más lo necesite. (Vea Afínelo a la derecha y Ejemplo de Comidas en la página 100). Una vez que haya decidido los menús, puede hacer una lista de los ingredientes frescos que necesita comprar para hacer las recetas.

Un platillo de cocimiento lento es la base perfecta para una comida. Ya sea que prepare un guisado de res, una suculenta sopa o un curry de verduras, siempre tendrá mucho sabor, será sustanciosa y fácil de servir, almacenar y recalentar. Los guisados y estofados por lo general se dejan para el fin de semana, cuando puede estar más cerca de la estufa durante varias horas. La olla de cocimiento lento permite que estos sabrosos platillos sean una solución más cómoda para hacer su comida. Use este libro para reunir un repertorio de recetas favoritas que usted y su familia puedan disfrutar por lo menos una o dos veces a la semana.

Planee por temporadas. Aunque usted puede preparar todos los platillos de este libro en cualquier momento, si cocina con ingredientes frescos de temporada es más fácil garantizar un gran sabor y disfrutar comidas que combinen con la época del año según el clima y el ambiente. A la derecha presentamos una guía para usar lo mejor que cada temporada le ofrece cuando esté en la cocina. Disfrutará mejores sabores y probablemente también ahorrará dinero, ya que los ingredientes de temporada generalmente son más económicos. Elija recetas que vayan de acuerdo con el clima: la mayoría de estas recetas son para platillos sustanciosos y calientes perfectos para servirse en otoño e invierno, pero algunas son ideales para fiestas de verano y días de campo, cuando una gran cantidad de Ratatouille o Puerco Deshebrado siempre es bienvenido.

PENSANDO EN LAS
TEMPORADAS

primavera Haga sopas ligeras, estofados y guisados que lleven verduras de primavera delicadas y otros ingredientes como espárragos, betabeles, habas, hinojo, hierbas frescas (como eneldo, cebollín, perejil y menta), ajo, cebollitas de cambray, papas cambray, chícharos y cordero.

verano Piense en platillos sencillos que lleven lo mejor de la cosecha como son los aguacates, pimientos (capsicums), chiles, elote, pepinos, berenjenas (aubergines), ejotes, hierbas finas (como albahaca, tomillo y perejil), jitomates, calabacitas (courgettes) y otras calabazas de verano.

otoño Sirva sustanciosos estofados o sopas hechos con tubérculos de temporada y otros ingredientes como manzanas, brócoli, poros, calabazas butternut, col, hierbas frescas y secas (como hojas de laurel, salvia y romero), hongos, papas y camotes.

invierno Sirva guisados calientes y curry picante que lleven carne, sustanciosas verduras de invierno y otros ingredientes frescos de temporada como betabeles, col, acelgas, hierbas frescas (como romero y salvia), col rizada, hongos silvestres y cultivados, colinabos, nabos y calabazas de invierno.

afínelo

Una vez que haya decidido cuál será el plato principal de su comida, elija entre una amplia variedad de atractivas guarniciones para afinar su menú. Tenga presente la velocidad y la facilidad de la preparación.

arroz al vapor El aromático arroz basmati o el arroz de jazmín son variedades de grano largo que combinan a la perfección con los platillos de cocimiento lento.

cuscús Es un alimento básico de la cocina del Norte de África. Es una pasta de cuentas pequeñas hecha de semolina molida grueso. El cuscús seco precocido, que se conoce como cuscús instantáneo o de cocimiento rápido, se consigue empacado o a granel. Solamente necesita rehidratarse en agua hirviendo antes de servir. Lo puede servir simple o con pasitas, grosella, nueces tostadas o hierbas frescas.

puré de papas El puré de papas esponjoso es ideal para absorber los jugos aromáticos de las carnes de cocimiento lento como las chuletas estofadas de cordero. Las papas yukon y russet son buenas opciones para hacer puré de papas.

tallarines de huevo Los tallarines de huevo son una combinación natural para muchos platillos de cocimiento lento. Siga las instrucciones de cocimiento del paquete si compra tallarines de huevo secos o ahorre tiempo al comprar tallarines de huevo fresco como el fettuccine, que se consigue en muchos mercados de buena calidad y en los supermercados bien surtidos y cocine durante 2 ó 3 minutos. La pasta siempre se debe cocinar al dente, o sea suave pero todavía firme en el centro.

polenta Esta harina de maíz italiana se prepara por lo general poniéndola en agua hirviendo a fuego lento y moviendo constantemente con una cuchara de madera por lo menos durante 30 minutos. La polenta instantánea se cocina de la misma manera pero toma mucho menos tiempo porque los granos son precocidos. También puede encontrar tubos de polenta cocida en la mayoría de los supermercados bien surtidos. Se pueden rebanar y hornear, freír o asar.

pan artesanal Caliente brevemente en el horno, si lo desea, y posteriormente rebánelo y sirva en una canasta cubierta con una servilleta, acompañando con mantequilla o aceite de oliva extra virgen. También tome en cuenta los rollos artesanales que son la base ideal para acompañar a los platillos de cocimiento lento como el Puerco Deshebrado.

pan de elote Caliente las rebanadas de pan de elote comercial en el horno o en el tostador. O haga el suyo propio usando una mezcla preparada o haciéndolo desde el principio. Agregue granos de elote congelado para darle textura y sabor. Sirva como guarnición para carne estofada o chili.

ensalada Compre hortalizas prelavadas para ahorrar tiempo. Elija ingredientes para su ensalada que complementen el plato principal, como una ensalada sencilla de hortalizas verdes para acompañar el otoñal Lomo de Puerco con Manzanas y Salvia o una ensalada César para un Risotto de Hongos Porcini de inspiración mediterránea.

verduras frescas Algunos platillos de cocimiento lento incluyen una variedad de verduras frescas; otros simplemente son grandes cortes de carne estofada que se beneficiarán con una guarnición de verduras de temporada al vapor, salteadas o asadas. O piense en un platillo de verduras a temperatura ambiente como unos ejotes con aderezo de vinagreta que se puede preparar con anticipación.

jitomates Rebane deliciosos jitomates de temporada, acomódelos sobre un platón y sazone con aceite de oliva, sal y pimienta. Si lo desea, espolvoree con queso feta desmoronado, aceitunas o hierbas frescas picadas.

crostini Unte rebanadas tostadas de pan baguette con untos preparados en la tienda como el tapenade, hummus o pimiento (capsicum) rojo asado. Sirva como primer plato u ofrezca como guarnición para sopas y guisados.

hágalo fácilmente

Prepare Use un procesador de alimentos para picar las verduras rápidamente. Prepare las verduras para dos comidas: cuando pique verduras para una comida, pique algunas más y almacénelas en un recipiente con cierre hermético dentro del refrigerador para usar al día siguiente.

Saltee Muchas de las recetas de este libro empiezan salteando verduras aromáticas (como cebollas, zanahorias y apio) y sazonándolas en mantequilla o aceite para crear una sabrosa base para cualquier platillo que esté preparando. Saltee estas verduras con anticipación y almacénelas en un recipiente con cierre hermético dentro del refrigerador.

Dore En muchos casos, si se dora la carne o pollo antes de agregarlo a la olla de cocimiento lento se obtiene un platillo con un mejor sabor y apariencia. El dorar es un proceso sencillo. Sólo ponga la carne o el pollo en una sartén grande para freír sobre fuego medio-alto y voltee conforme sea necesario hasta que tenga un agradable color por todos lados. Posteriormente, usando unas pinzas o una cuchara ranurada, pase la carne o pollo dorado a la olla de cocimiento lento.

Desglase Algunas recetas requieren desglasear la sartén después de dorar la carne o el pollo. Para hacerlo, retire la carne de la sartén dejando la grasa y los trocitos dorados en ella. Ponga la sartén sobre fuego medio-alto y agregue el caldo, vino u otro líquido. Mientras el líquido hierve, mueva raspando los trocitos dorados de la base de la sartén y añada el contenido de la sartén a la olla de cocimiento lento.

Haga puré La olla de cocimiento lento es ideal para hacer sopas tipo puré y una licuadora es el utensilio más eficiente para hacer puré.
Llene la licuadora a no más de dos terceras partes con la sopa caliente. (Por lo general se tiene que trabajar en tandas). Tape con la tapa asegurándose de que está bien puesta y cubra la tapa con una toalla de cocina para evitar que se derrame. Sujete la tapa con una mano y gradualmente aumente la velocidad conforme sea necesario. Un procesador de alimentos o una licuadora de inmersión, que se puede usar directamente en la olla interna de porcelana, también pueden servir.

Sazone Retire una pequeña cantidad del platillo terminado, pruebe, sazone con sal y pimienta y vuelva a probar. Esto le da una idea de la cantidad de sazonador que debe añadir para no sazonar demasiado toda la olla.

ejemplo de comidas

Estos ejemplos de comidas incluyen una sugerencia de receta y guarnición que se pueden preparar con rapidez.

Curry de verduras estilo hindú
(página 13)

Arroz basmati al vapor

Samosas y chutney comprados

Puerco en Chile Verde
(página 21)

Tortillas de maíz calientes

Frijoles pintos

Sopa de Calabaza Butternut
(página 32)

Ensalada de espinacas con tocino y vinagreta de miel y mostaza

Asado de Puerco con Compota de Frutas Secas
(página 47)

Puré de papas

Espinacas salteadas

Salchichas asadas con Ratatouille
(página 77)
Papas cambray asadas con romero

Lasaña de berenjenas asadas
(página 84)

Ensalada de hortalizas verdes con vinagreta de vino tinto

Pan rústico

que sean comestibles Evite usar ingredientes para adornar que se vean atractivos pero que no se puedan comer fácilmente, como las ramas de hierbas.

reserve algunos ingredientes durante la preparación Mientras prepara un platillo, guarde algunos de los ingredientes frescos como hierbas picadas o crema agria para adornar.

hágalo simple Use solamente 1 ó 2 adornos para obtener un mejor sabor y una mejor presentación.

hágalo ligero Use únicamente una pequeña cantidad de cualquier ingrediente para adornar y elija los que se queden en la superficie en lugar de aquellos que se sumerjan en el platillo.

crema agria o yogurt simple Mezcle con leche para adelgazarlos y rocíe sobre el platillo. Es ideal para curry y sopas tipo puré.

queso parmesano Ralle directamente sobre cada porción para obtener un mejor sabor o haga rizos usando un pelador de verduras.

cebollín fresco Corte con las tijeras directamente sobre cada porción.

hierbas frescas Retire las hojas de los tallos y pique grueso si fuera necesario.

aceite de oliva extra-virgen Rocíe aceite de oliva de buena calidad sobre cada porción.

limón Corte en rebanadas y use para adornar los platillos de inspiración italiana como los Frijoles Blancos con Falda Asada.

atajos

Sin importar lo que esté cocinando ciertos ingredientes le pueden facilitar el trabajo y ahorrar tiempo de preparación, ya sea porque están precocidos o porque agregan un sabor concentrado e intenso. Aquí presentamos algunos que son particularmente útiles cuando se usa la olla de cocimiento lento.

Frijoles enlatados Ahorran tiempo de remojo y cocción. Siempre deseche el líquido y enjuague los frijoles antes de usarlos. Agregue los frijoles a la olla de cocimiento lento al final del tiempo de cocimiento para que retengan su textura.

Pollo rostizado Compre suficiente pollo para la comida del día, más algunos sobrantes y corte estos para añadirlos a algún platillo sencillo de la olla de cocimiento lento al día siguiente. Agregue el pollo casi al final del tiempo de cocción para evitar que se haga duro.

Salchichas cocidas Rebane las salchichas cocidas como las andouille, las de chorizo ahumado, pollo con manzana o kielbasa y agregue directamente a los platillos como Frijoles Blancos con Ajo o dore primero para obtener un mejor sabor.

Verduras congeladas Siempre tenga a la mano chícharos congelados, cebollas cambray y granos de elote para adornar cualquier platillo.

Jitomates enlatados Los jitomates enlatados no necesitan pelarse, tardan menos en cocinarse y tienen más sabor que los jitomates fuera de temporada.

Hongos secos El sabor concentrado de los hongos porcini, shiitake u otros hongos complementa las sopas, estofados y guisados. Para rehidratarlos coloque los hongos en un tazón refractario, cubra con agua hirviendo, tape el tazón y remoje por lo menos durante 10 minutos, hasta que estén suaves y flexibles. Retire los hongos, presionando para quitar el exceso del líquido sobre el tazón. Pique los hongos (o corte al gusto), quitando y desechando los tallos duros. El líquido de remojo también se puede añadir a la olla de cocimiento lento. Para retirar las arenillas que pudiera tener, antes de usarlo pase a través de un colador de malla fina forrado con manta de cielo (muselina) o un filtro de café.

Pasta de tomate Compre pasta de tomate de buena calidad que viene en tubo, el cual una vez abierto se puede almacenar en el refrigerador durante varios meses. Añada una pequeña cantidad a los platillos hechos con jitomate para intensificar su sabor.

la cocina bien surtida

El cocinero inteligente requiere estar preparado. Si su despensa, refrigerador y congelador están bien surtidos y organizados, significa que no tendrá que salir corriendo a la tienda en el último momento cuando esté listo para cocinar. Hágase el hábito de tener un registro de lo que tiene en su cocina y descubrirá que puede hacer la compra menos a menudo.

A continuación le damos una guía con los ingredientes esenciales para tener a la mano para preparar platillos en la olla de cocimiento lento, así como sugerencias e ideas para mantenerlos frescos y en orden. Use la guía para saber lo que hay en su cocina en este momento y así revisar lo que necesita comprar o reponer. El tiempo que pase haciendo el inventario es una inversión que le dará fruto cuando necesite tener la comida en la mesa. Una vez que su despensa, refrigerador y congelador estén surtidos, podrá hacer cualquier receta de este libro comprando únicamente unos cuantos ingredientes frescos.

la despensa

La despensa consiste generalmente en uno o dos gabinetes o en un closet en el que se guardan los artículos no perecederos como hierbas secas y especias, frutas secas, pastas secas y granos y productos enlatados o embotellados, así como ingredientes frescos básicos como ajo, cebolla y papas. Debe estar relativamente fresca, seca y oscura y lejos de la estufa, ya que el calor puede estropearlos.

surta su despensa

- Haga un inventario de lo que hay en su despensa usando la lista de Alimentos Básicos de la Despensa.

- Retire todo lo que hay en la despensa; limpie las repisas y vuelva a forrar con papel si fuera necesario. Organice los productos por categorías.

- Deseche los productos que hayan caducado o que tengan un olor o apariencia dudosa.

- Haga una lista de los artículos que necesite remplazar o surtir.

- Compre los artículos de su lista.

- Surta la despensa, organizando los productos por categoría para que todo sea fácil de encontrar.

- Escriba la fecha de compra en los productos perecederos y marque claramente lo que compre a granel.

- Guarde los alimentos básicos que usa más a menudo en la parte de enfrente de la despensa.

- Almacene las hierbas secas y las especias en diferentes recipientes y de preferencia en un especiero u organizador, repisa o cajón especial para especias y hierbas.

manténgalo ordenado

- Vea las recetas en su plan semanal de menús y revise la despensa para asegurarse de que tiene todos los ingredientes que va a necesitar.

- Rote los productos de lugar conforme los vaya usando, pasando los más antiguos hasta adelante de la despensa para usarlos primero.

- Haga una lista de los productos que use para que los pueda remplazar.

ALMACENANDO LA DESPENSA

hierbas y especias secas Estos ingredientes secos empiezan a perder su efectividad después de 6 meses. Compre en pequeñas cantidades y guarde en recipientes con cierre hermético.

aceites La luz y el calor son enemigos del aceite de oliva, por lo que se debe almacenar en un lugar fresco y oscuro dentro de botellas de vidrio oscuro que tengan un corcho apretado o una tapa bien cerrada. Aunque los aceites duren hasta un año, su sabor disminuye con el paso del tiempo. Una vez abiertos, guarde durante 3 meses a temperatura ambiente o hasta 6 meses en el refrigerador. Pruebe y huela los aceites antes de usarlos para asegurarse de que no estén rancios.

alimentos enlatados Deseche los alimentos enlatados si la lata muestra alguna señal de expansión o deformación. Una vez que haya abierto una lata, pase el contenido sin usar a un recipiente con cierre hermético y refrigere o congele.

granos y pastas Almacene en recipientes de vidrio o plástico con cierre hermético, revisando ocasionalmente para evitar que se echen a perder o se hagan rancios.

alimentos frescos Almacene en un lugar fresco, oscuro y ventilado, revisando ocasionalmente para evitar que tengan brotes o se hayan echado a perder. Nunca ponga las papas junto a las cebollas; cuando se guardan juntas producen gases que aceleran el deterioro.

GRANOS, PASTAS Y VERDURAS SECAS

arroz de grano largo

bollos suaves para hamburguesa

cuscús

chícharos secos

fettuccine

frijoles blancos pequeños tipo cannellini

lentejas

pan rústico

pasta para canelones

pasta penne

polenta

spaghetti

tallarines de huevo

tortillas de maíz

ALIMENTOS FRESCOS

aguacates

ajo

camotes

cebollas amarillas

cebollas blancas

cebollas moradas

chalotes

limas

limones

papas

LICORES

cerveza oscura o ale

oporto

vino blanco seco

vino tinto de cuerpo entero

ALIMENTOS EMPACADOS

aceitunas verdes

caldo de pollo

caldo de res

caldo de verduras

chiles chipotles en salsa de adobo

chiles verdes enteros asados

chiles verdes enteros asados

frijoles cannellini (enlatados)

garbanzos

roasted whole green chiles

jitomate guaje (roma) machacado

jitomate guaje (roma) entero

leche de coco

pasta o puré de tomate

salsa catsup

salsa de jitomate

salsa de soya

salsa inglesa

ACEITES Y VINAGRES

aceite de canola

aceite de maíz

aceite de oliva

vinagre de arroz

vinagre de manzana

vinagre de vino tinto

HIERBAS Y ESPECIAS SECAS

canela en raja

canela molida

comino molido

cúrcuma molida

chile en polvo

hojas de laurel

hojuelas de chile rojo

jengibre molido

mostaza seca

nuez moscada molida

orégano

páprika

pimienta blanca molida

pimienta de cayena

pimienta negra

polvo filê (estilo cajún de Louisiana)

sal gruesa (kosher o sal de mar)

salvia seca

semillas de cilantro

semillas de cilantro molido

semillas de comino

tomillo

FRUTAS SECAS

ciruelas pasas sin hueso

chabacanos secos

higos secos

ARTÍCULOS OCASIONALES

almendras en hojuelas o fileteadas

azúcar granulada

azúcar mascabado claro

azúcar mascabado oscuro

coco seco rallado sin endulzar

chocolate semi-amargo

fécula de maíz (maicena)

galletas de jengibre

harina

melaza o piloncillo

el refrigerador y el congelador

Una vez que haya surtido y organizado su despensa, puede aplicar los mismos principios en su refrigerador y congelador para ahorrar tiempo. El refrigerador se usa para enfriar a corto plazo y es ideal para almacenar carne, pollo, verduras y sobrantes de comida. Si congela adecuadamente se conserva gran parte del sabor y de los nutrientes de los estofados, guisados y sopas.

consejos generales

- Los alimentos pierden sabor en refrigeración, por lo que un almacenamiento adecuado y una temperatura estable a menos de 5°C (40°F) es importante.

- Congele los alimentos a -18°C (0°F) o menos para retener el color, textura y sabor.

- No amontone los alimentos en el refrigerador o congelador. El aire deberá circular libremente para mantener los alimentos uniformemente fríos.

- Para evitar la quemadura por congelación, use solamente envolturas a prueba de humedad como papel aluminio, recipientes de plástico con cierre hermético o bolsas de plástico con cierre hermético.

almacenando sobrantes

- La mayoría de los platillos preparados en la olla de cocimiento lento se pueden almacenar en el refrigerador hasta por 4 días o en el congelador hasta por 4 meses.

- Revise el contenido del refrigerador por lo menos una vez a la semana y deseche la comida que tiene más tiempo o que se haya echado a perder.

- Deje que los alimentos se enfríen a temperatura ambiente antes de refrigerarlos o congelarlos. Pase los alimentos a temperatura ambiente a un recipiente de vidrio o de plástico con cierre hermético, dejando lugar adicional pues se expande al congelarse. O coloque los alimentos fríos en una bolsa de plástico con cierre hermético especial para congelar, sacando la mayor cantidad de aire posible antes de cerrarla.

- Planee congelar algunas sopas, guisados o estofados en pequeñas cantidades para cuando necesite calentar solamente lo necesario para 1 ó 2 raciones.

- Descongele los alimentos congelados en el refrigerador o en el horno de microondas. Nunca descongele a temperatura ambiente para evitar que se contaminen con bacterias.

Mantenga la mayoría de estos ingredientes de uso diario a la mano no sólo para hacer platillos de cocimiento lento sino para todo tipo de cocina. Cuando esté listo para hacer alguna receta de este libro tendrá que comprar solamente algunas verduras frescas, carne o pollo. Reponga estos alimentos básicos conforme sea necesario, rotando siempre los que lleven más tiempo y poniéndolos adelante de la repisa cuando los almacene.

LÁCTEOS

crema agria

leche

mantequilla sin sal

queso Monterrey jack o Chihuahua

queso mozzarella

queso parmesano

queso ricotta

yogurt simple

ALIMENTOS BÁSICOS FRESCOS

apio

jengibre

pancetta

perejil

poro

tocino

zanahoria

ALIMENTOS BÁSICOS CONGELADOS

cebollitas de cambray

caldo de pollo

caldo de res

chícharos

almacenando hierbas y verduras frescas

Corte los tallos de un manojo de perejil, ponga el manojo en un vaso de agua, envuelva ligeramente las hojas con una bolsa de plástico y refrigere. Envuelva otras hierbas frescas en una toalla de papel húmeda, meta en una bolsa de plástico y guarde en el cajón del refrigerador para mantener crujiente. Enjuague y quite el tallo a las hierbas antes de usarlas.

Almacene los jitomates y las berenjenas (aubergines) a temperatura ambiente.

Corte cerca de 12 mm (½ in) del tallo de cada espárrago, póngalos verticalmente en un vaso con agua fría con la puntas hacia arriba y refrigere cambiando el agua diariamente. Los espárragos se mantendrán hasta por una semana.

Enjuague las verduras con hojas como la col rizada, seque en un escurridor de ensaladas, envuelva en toallas húmedas de papel y almacene en una bolsa de plástico con cierre hermético en el cajón del refrigerador hasta por una semana. Como norma general, almacene otras verduras en bolsas de plástico con cierre hermético en el cajón y enjuague antes de usarlas. Las verduras más resistentes durarán hasta una semana y las más delicadas durarán solamente unos cuantos días.

almacenando carne y pollo

Use la carne y el pollo frescos durante los 2 primeros días de haberlos comprado. Si compra carne empacada revise la fecha de caducidad y use antes de esa fecha.

Coloque la carne empacada en un plato en la parte más fría del refrigerador. Si solamente usa una parte del paquete, deseche la envoltura original y envuelva nuevamente.

almacenando queso y lácteos

Envuelva todos los quesos para evitar que se sequen. Los quesos duros, como el parmensano, tienen un bajo contenido de humedad por lo que duran más tiempo que los quesos frescos como el mozzarella y el ricotta. Use el queso fresco durante los primeros dos o tres días. Guarde los quesos suaves y semi-suaves hasta por 2 semanas y los quesos duros hasta por un mes.

Almacene los productos lácteos en su empaque original. Revise la fecha de caducidad y use antes de esa fecha.

índice

DEGUSTIS
Un sello editorial de
Advanced Marketing S . de R.L. de C.V
Calzada San Francisco Cuautlalpan No. 102 Bodega "D"
Col. San Francisco Cuautlalpan Naucalpan de Juárez
Edo. México C.P 53569

WILLIAMS-SONOMA
Founder & Vice-Chairman Chuck Williams

SERIE LA COCINA AL INSTANTE DE WILLIAMS-SONOMA
Ideado y producido por Weldon Owen Inc.
814 Montgomery Street, San Francisco, CA 94133
Teléfono: 415 291 0100 Fax: 415 291 8841

En colaboración con Williams-Sonoma, Inc.
3250 Van Ness Avenue, San Francisco, CA 94109

Fotógrafo Bill Bettencourt
Estilista de Alimentos Kevin Crafts
Asistente de Fotógrafo Angelica Cao and Heidi Ladendorf
Asistente de Estilista de Alimentos Luis Bustamante, Alexa Hyman
Estilista de Props Leigh Nöe
Escritor del texto Kate Chynoweth

Library of Congress Cataloging-in-Publication data.
ISBN 970-718-464-7
ISBN 13 978-970-718-464-0

WELDON OWEN INC.
Presidente Ejecutivo John Owen
Presidente y Jefe de Operaciones Terry Newell
Director de Finanzas Christine E. Munson
Vicepresidente, Ventas Internacionales Stuart Laurence
Director de Creatividad Gaye Allen
Publicista Hannah Rahill
Director de Arte Kyrie Forbes Panton
Editor Senior Kim Goodfriend
Editor Emily Miller
Diseñador y Director de Fotografía Andrea Stephany
Diseñador Kelly Booth
Editor Asistente Juli Vendzules
Director de Producción Chris Hemesath
Director de Color Teri Bell
Coordinador de Producción y Reimpresión Todd Rechner

UNA PRODUCCIÓN DE WELDON OWEN
Derechos registrados © 2006 por Weldon Owen Inc.
y Williams – Sonoma, Inc.Derechos reservados, incluyendo
el derecho de reproducción total o parcial en cualquier forma.

Impreso en Formata
Primera impresión en 2006
10 9 8 7 6 5 4 3 2 1
Separaciones en color por Bright Arts Singapore
Impreso por Tien Wah Press

Impreso en Singapur

RECONOCIMIENTOS
Weldon Owen agradece a las siguientes personas por su generosa ayuda para producir este libro:
Davina Baum, Heather Belt, Ken DellaPenta, Judith Dunham, Carolyn Miller, Marianne Mitten,
Sharon Silva, Kate Washington, y Sharron Wood.

Fotografías de portada por Tucker + Hossler: Ale-Braised Short Ribs, página 63

UNA NOTA SOBRE PESOS Y MEDIDAS
Todas las recetas incluyen medidas acostumbradas en Estados Unidos y medidas del sistema métrico.
Las conversiones métricas se basan en normas desarrolladas para estos libros y han sido aproximadas.
El peso real puede variar..